是的，这是我！当时我只有四岁，旁边的人是我的父亲——阿兰，他是马孔 ASPTT 的球员，同时还是志愿教练

这时候的我刚刚学会走路，我恨不得让所有人都知道这件事。我的身后是祖母卡罗琳娜在马孔的家

我从小就与足球结缘。这是我们街区的派对，当时我在用自己的方式庆祝 1998 年世界杯的胜利

我们在埃罗省的维亚露营地玩滚球游戏。我会调皮地用与众不同的方式来投球，后来我成了这个游戏狂热的爱好者

我和我的母亲伊莎贝尔、父亲阿兰、姐姐莫德、待在婴儿车里的弟弟德欧，一起在赛特度假。在我年少的时候，每个夏天都是如此

这是一张于2014年拍的全家福。身后是我们在马孔的家。我们每年圣诞节都会在这里聚会。我的爱人艾瑞卡也在这张照片里！她在第二排，从右数第二个

2001 年的时候，我和我的好朋友，同时也是我在 UFM 的队友史蒂芬，一起通过了 OL 的试训考察

我经常去热尔兰球场看里昂队的比赛。那时，我最喜欢的两位足球运动员都是巴西人。一位是儒尼尼奥，他的任意球技术令人叹为观止。还有一位是索尼·安德森，看他进球就是一种视觉享受。这是我和里昂一位前锋的合影

这是 2002 年的时候，我和祖母、姐姐、还有弟弟在厨房的合影。当时我穿的还是奥林匹克里昂的运动衫

这是我10岁时，我在照片的右下角，紧挨着我在UFM的队友们。当时我们是霸王一般的存在

有时候我的家人会来皇家社会足球俱乐部看我。这张照片就是在我的父母、表亲玛嘉莉和皮图来探望我时拍的

这是2009年的时候，当时我们在踢一场训练赛，我在追防我的队友，也是我的好朋友艾米利奥·恩苏埃

当时我正代表皇家社会征战欧洲冠军联赛资格赛。这场比赛我们的对手是OL，比赛在热尔兰球场举行。我的独门绝技"剪刀脚"帮助我们球队以2：0锁定胜局。我也因此一战成名

2016年5月，在欧冠决赛上我和克里斯蒂亚诺·罗纳尔多同台竞技。这场比赛的比分最终定格在1：1。但是很遗憾，皇家马德里以总比分5：3淘汰了我们马德里竞技。一个月后，C罗带领葡萄牙队再一次打进了欧洲杯决赛，他们并没有错失良机，最终以1：0的比分战胜了法国队

　　2016年欧洲杯半决赛，在人声鼎沸的马赛球迷面前，我们法国队淘汰了德国队。我打进了那场比赛仅有的两粒进球。我和我的好朋友保罗·博格巴一起庆祝这场伟大的胜利。这些美好的回忆，我永远也不会忘记

　　生活中不只有足球！我也是个篮球迷，我家里有一个篮球场供我发泄不良情绪。德里克·罗斯是我的偶像之一，他是纽约尼克斯队的领袖。这是 2016 年冬天，我和艾瑞卡一起去美国纽约的麦迪逊广场花园球馆看罗斯打球时拍的照片。不久之后她就成为了我的妻子

格里兹曼自传

勇敢去追梦

GRIEZMANN
AUTOBIOGRAPHY

［法］安东尼·格里兹曼 口述

［法］阿诺德·拉姆齐 编写

王媛媛 译

天津出版传媒集团

天津人民出版社

图书在版编目（ＣＩＰ）数据

格里兹曼自传：勇敢去追梦 /（法）安东尼·格里
兹曼口述；（法）阿诺德·拉姆齐编写；王媛媛译. --
天津：天津人民出版社，2019.8
ISBN 978-7-201-15019-2

Ⅰ.①格… Ⅱ.①安… ②阿… ③王… Ⅲ.①安东尼·
格里兹曼（Antoine Griezmann，1991- ）—自传 Ⅳ.
① K835.655.47

中国版本图书馆 CIP 数据核字（2019）第 147978 号

著作权合同登记号：图字 02-2019-160
Originally published in France as:
"Derrière le sourire" by Antoine GRIEZMANN & Arnaud RAMSAY
© Editions Robert Laffont, Paris, 2017
Current Chinese translation rights arranged through Divas International, Paris
迪法国际版权代理

格里兹曼自传 ： 勇敢去追梦
GELIZIMAN ZIZHUAN　YONGGAN QU ZHUIMENG

出　　版　天津人民出版社
出 版 人　刘　庆
地　　址　天津市和平区西康路 35 号康岳大厦
邮政编码　300051
邮购电话　（022）23332469
网　　址　http://www.tjrmcbs.com
电子邮箱　reader@tjrmcbs.com

责任编辑　刘子伯
装帧设计　古涧千溪

制版印刷　三河市华润印刷有限公司
经　　销　新华书店
开　　本　710 毫米 ×1000 毫米　1/16
印　　张　19
字　　数　190 千字
版次印次　2019 年 8 月第 1 版　2019 年 8 月第 1 次印刷
定　　价　49.80 元

前　言

他，法国新一代的小王子，一个惯用左脚的球员。他不仅和安东尼·德·圣－埃克苏佩里[①]有着同样的名字，还将这位传奇飞行员作家的名言文在了手臂上：让生活充满梦想，让梦想照进现实。

他的出名不是毫无理由的。他饱满的精神状态、率真的个性，他对生活的热爱，他的天使之貌，他无穷的能量、精准的进球，以及肌肤上每一个毛孔里散发出的足球天赋，都让大众为之着迷。他的知名度已经远远超出了体育界：爱心餐厅[②]乐队曾邀请他参加慈善音乐会，他也曾在乐高《蝙蝠侠》电影里给超人配音，他在推特上有 350 万粉丝，在脸书上有 670 万追随者。

尽管有着如此大的魅力，马德里竞技队和法国队的七号还是不为大众所了解。从 14 岁开始，他就一直在西班牙的球队效力，因为法国足球俱乐部都认为他太过瘦小，拒绝让他试训。

---

① 法国作家、飞行员，小说《小王子》的作者。
② 法国志愿慈善团体。

26 岁时的安东尼·格里兹曼有着非典型的运动员身材（175 厘米、61 千克），这并不符合现代足球运动员的标准比例。这个腼腆少言的年轻人总是将自己隐藏在笑容背后，平静地面对生活赋予的一切。与冠军失之交臂后，他刻意表现出顺其自然的态度，竭力维持自己的最佳状态来掩盖情绪上的阴霾。

作为 2016 年欧洲杯最佳球员和金靴奖的获得者，他可以说是一位标准的明星。尽管对于一个前锋来说，"个人英雄主义"被认为是最有杀伤力的武器之一，但他首先考虑的还是整个团队的利益。在这样一个更看重个人数据的大环境下，他似乎有些不合时宜，然而这份旷达又绝非是镜头前一时的表演。

从马德里竞技队在卡尔德隆球场的赛事中，我亲眼见证了格里兹曼的大局意识。第一期为期四天的访谈结束后，他对我说："我希望你能留下来，听听我进球后球迷们为我高歌的声音。"2016 年 10 月 15 日星期六，在对战西甲垫底球队格拉纳达的比赛中，他未能如愿进球。然而，在第 67 分钟离场时，他依然给了替补队员费尔南多·托雷斯一个大大的拥抱，然后又去和教练迭戈·西蒙尼击掌。比赛的最后三分钟，蒂亚戈出人意料的勇猛，用本队的第七个进球完美地结束了这场盛宴。格里兹曼从长凳上猛然起身奔向球场，去拥抱这个葡萄牙的中场球员。他像自己进了球一样高兴，他并没有去羡慕尼亚克·卡拉斯科的帽子戏法或尼古拉·盖坦的梅开二度，尽管他才是全场最被寄予厚望的射手。

安东尼·格里兹曼为自己是一个全面的球员而自豪，他几乎无所不能，进可射门，退可助攻，跑位灵活，头脑机敏，左右开弓，能参与防守，能巧妙地处理任意球和角球，更能完美地给出最后一击！总而言之，他是一个精准而气度非凡的球员。1996年帮助马德里竞技队获得联赛冠军的西班牙前锋基科（本名弗朗西斯科·纳尔瓦埃斯）曾这样评价他："他是一位不同寻常的足球运动员，身若钢铁，脚若游丝。"

2017年2月21日，在拜尔球场进行欧冠八分之一决赛时，安东尼·格里兹曼为他人着想的性格再次显现出来。那时，他已经在欧冠联赛中攻入13球，由此成为俱乐部史上的最佳球员。但是那天晚上，凯文·加梅罗表现得格外突出，贡献了一次优秀的传球和一次点球。在第71分钟，比赛的最后一刻，主帅西蒙尼突然决定换下加梅罗。安东尼·格里兹曼的第一反应是无比震惊，他立刻用西班牙语对着西蒙尼大喊："不不不，他才是最好的，他是最好的！"不过西蒙尼最终并没有听取他的意见。

他就是这样率直，毫不遮掩。

3月5日是他第一次入选法国国家队的日子，而那一天也正好是他女朋友艾瑞卡的生日，这对璧人将在那个赛季末喜结连理。

他永远都不会忘记给女朋友庆生，甚至为此还交过一笔罚款。3月5日对阵瓦伦西亚，攻入第一球后，他开心地掀起红白相间的球衣，露出背心上用西班牙语写的一行字："生日快乐，胖妞！"后面还画了一颗爱心。

随后的一周，西班牙足协纪律委员会决定对他处以罚款并向他补发了一张黄牌。平时冷静沉稳的他此时也有些按捺不住了，在推特上吐槽："给女朋友庆生居然被罚款，还是在三天后……你们就不能管点别的吗？"

在温文尔雅的外表下，安东尼·格里兹曼其实比看起来更加勇猛和倔强。无论如何，一个冠军都不可能只有温柔和顺的一面，当然了，这并不妨碍他的举止礼貌得体。当法国的一台电视足球栏目的记者比森特·利扎拉祖来采访他的时候，他一直都是以"您"相称。当时，采访在位于马德里郊区的万豪 AC 拉芬卡酒店里进行。我和格里兹曼的一些会面也被安排在这里，因为这里距他家只有五分钟车程。不过大多数时候，我们是在他家里进行采访。他的住所位于一个安保严密的住宅区内，气派，但也隐蔽，四方结构，有游泳池、烧烤架和一个小型的篮球场。他的主教练和 C 罗也都住在附近。

格里兹曼坦白自己读的书并不多，但他还是很愿意与我们分享他的经历。"我得说一句，在获得现在的成就之前，这些经历其实并不让我愉悦！"一句话，道尽了他笑容背后数不清的坎坷与艰辛。命运无常，幸运的是，胜利选择了站在他这一边。球探伯纳德·戴斯在他9 岁的时候就发现了他的天赋，并在三年后将他带入青训营，可惜俱乐部在给他预测了未来身高之后就将他拒之门外。有趣的是，当年与他同坐一辆车去测试的两个孩子却被留了下来，而现在，他们一个在药房，一个在军队。

写这本书的四个月中，我得以细细品味马黛茶，因为格里兹曼是这种原产于南美的饮品的忠实粉丝。

在口述录音机前，他直言不讳地袒露心迹，从不拐弯抹角，从不刻意修饰，每一场比赛都宛若昨日般从他口中娓娓道来。一向腼腆的他，此刻居然变得无比健谈，这让他的姐姐莫德和女友艾瑞卡都吃惊不已。聊天的时候，他总是直奔主题，一点也不浪费时间。在这个过程中，含着奶嘴的女儿有时会大着胆子到客厅里来寻求爸爸的爱抚，他家的法国斗牛犬 Hooki 也不时地低叫几声，然后窜到院子里，看到莫德，又懒懒地躺在阴凉下打盹。

对于他来说，法语远没有西班牙语用着得心应手，所以他常会问："这个用法语怎么说啊？"认真的格里兹曼有时也会通过邮件给我发一些他写的文字、一些生活的剪影或是一些新闻报道，还有从转会马德里竞技队到女儿的出生，再到他站在金球奖领奖台上的感受。我也曾和把他带到皇家社会的体育顾问埃里克·奥尔哈茨聊过天，还专程拜访了格里兹曼的家乡。那里有他的根，他的父亲阿兰、母亲伊莎贝尔，还有他的弟弟德欧……格里兹曼，它不仅仅是一个人的名字，更是家族血脉的传承。

目 录

第一章

金球奖：
与巨人同桌

难以置信，金球奖！

听说人在快死的时候会看见自己过往的一生。放心吧！我还没那么着急去体验那是一种什么样的感觉，不过现在，我正在脑海中迅速地回放着从我出生到现在的所有经历。

在我成为职业球员之后，我的姐姐莫德一直在帮我处理媒体的相关事务。2016 年 12 月的一天，她给我打电话确定两天后预约采访的细节。《法国足球》杂志 [①] 将我评为年度法国足球先生 [②]，我在与许多老牌名将的竞争中脱颖而出，进入了法国顶级球星名单，这个名单包括很多人，从齐达内到科帕，从亨利到潘帕，从普拉蒂尼到本泽马。[③]

我想，姐姐给我打电话无非是要告诉我采访在哪里进行，会持续多

[①] 《法国足球》创刊于 1946 年，是欧洲最权威的体育杂志之一。杂志除每周出刊外，还进行一项非常具有影响力的社会活动——金球奖评选。

[②] 安东尼·格里兹曼接替布莱瑟·马图伊迪获得这一殊荣，在所有的投票者中，包括以前的获奖者和《法国足球》编辑部主任，只有三个人没有选他。

[③] 上面 6 人中除了科帕之外，全是世界知名的足球界人士。科帕是法国 20 世纪 50 年代的著名球星，曾效力于皇家马德里俱乐部，1958 年获得金球奖。

长时间，会问一些什么问题，但是我想错了。

那是在一天的训练结束后，我发现手机上有她多次给我打电话的来电记录，我知道大概有什么重要的事情，因为这并不是莫德的一贯作风。一般来说，姐姐总是会给我发短信，告诉我一些关键信息来让我自己做好安排。然而这一次，她没有发短信，手机上只有她的三通未接来电，这确实让人费解。

不过，那时的我已经获得过一些荣誉，所以在我看来，再大的事情也已经不能让我惊慌失措了，我也不想为什么事情扰乱我的生活习惯。所以，在例行战术会议结束后，我依旧和马竞的南美队友戈丁、吉梅内斯、盖坦和科雷亚一起用葫芦茶杯品味我的马黛茶。随后，我又像往常一样去洗澡——三分钟热水，八分钟冷水，最后再冲一下。

但是，姐姐来电的事情毕竟让我很奇怪。到底是发生了什么事情让她如此焦急呢？这件事一直萦绕在我的脑海里，于是，我冲澡比平时快了一些。

"明天见，朋友们。"急匆匆地打过招呼后，我就驾车离开了训练中心，随即拿出手机打给姐姐莫德。电话没有接通之前，我脑子里不停地想：她怎么了？到底发生了什么事？

这时电话里传来姐姐的声音："你怎么样啊，Toinou（图瓦努，格里兹曼的昵称）？"

呀，我感觉自己的心一下子回到了肚里，因为每当她叫我 Toinou 的时候，就说明一切都好。

接着她用寻常的口吻说："星期四下午两点，在 AC 拉芬卡酒店进行采访。"

完美！和我预想的一样，这个酒店在马德里郊区，对我来说非常便利，最主要的是离家很近。但在挂电话之前，莫德似乎还想跟我说什么。

"听好了，这件事需要保密，你不能让任何人知道。"她的语气突然变得很严肃，可接下来的话又让我有点摸不着头脑，"你是……"

莫德说这句话的时候，我的心跳得比以往任何时候都剧烈，就连2016 年欧洲杯半决赛对阵德国队，面对诺伊尔的点球时，我都没有这么紧张过。我脑袋里霎时一片空白。

她停顿了半秒，重复道："你是……"接着她又停顿了很久，我猜她是在故意卖关子吧，我的头脑混乱了，迷迷糊糊地听到一句，"你获得了第……"

"你说什么？"

"你获得了金球奖第三名！"莫德终于大声喊了出来。

我简直不敢相信自己的耳朵："啊啊啊啊，天哪，真的吗？你说的是真的？我成功了，前三名！"这种喜悦简直无以言表。

我在车里放声尖叫，过路的人一定很好奇发生了什么。不过那个时候，我已全然顾不得这些了。想想我过往经历的一切，也许你就能理解我那时的疯狂了吧。

和梅西、C罗站在一起

　　我，安东尼·格里兹曼，出生于马孔①，曾因身材问题被法国所有的俱乐部拒绝，现在竟然跻身世界前三球员之列！这难道不值得我振臂高呼吗？

　　从14岁起，我就来到巴约纳（Bayonne）②，在皇家社会俱乐部③受训，不仅要忍受离家之苦，还要学习用另外一种语言——西班牙语——与队友交流。

　　刚开始的时候我只能当替补，每次要等到下半场才开始热身，然而却也不一定能上场。除了为球队得分，我不会引起任何关注。几周之内接连两次的失败，先是欧冠，再是欧洲杯④……我所有的付出，所有的

① 法国东部城市，索恩-卢瓦尔省首府。
② 法国西南部的一个城镇，位于比斯开湾和西班牙边界附近。
③ 西班牙足球俱乐部，位于巴塞罗那市，长期混迹于西班牙顶级联赛中下游。
④ 2014年5月，格里兹曼所在的马德里竞技队闯入欧洲冠军联赛决赛，但在决赛中负于皇家马德里队。7月10日，格里兹曼所在的法国队闯入欧洲杯决赛，但在决赛中负于葡萄牙队。

牺牲，今天终于得到了回报。

我反复地回想着这些年所付出的努力，回想着每一个刻苦训练的下午，所有的这一切成就了我今日的世界第三。不过我感觉这仅仅只是个开始，人们对我的期待会越来越高，我想我不会辜负这些期望。

我自认还没有达到竞技的巅峰，今后要做的就是一如既往地坚持刻苦训练，为我的合作伙伴贡献一切。

我希望我的父母、姐弟能以我为傲，我希望小米娅（格里兹曼的女儿）能为有我这样的爸爸而自豪。还有我的未婚妻艾瑞卡，我想听到她说"这是我的丈夫，我的骄傲"，想听到我的伙伴们说"看，这是我们的格里兹曼"，我也希望能让我的粉丝们（Team Grizi）为我感到光荣。

比这更重要的是我希望能够在未来的日子里继续享受在绿茵场上的快感，这种感觉伴我度过了一个个不眠的夜晚。总之，前路依旧漫长，未来的道路充满机遇与挑战，但至少我走在了正确的道路上。如今，我终于跻身足球界最顶级的奖项——金球奖获得者之列。

金球奖是《法国足球》杂志社 1956 年设立的一个全球盛名的奖项，2010 年之前，只有一些专业记者参与投票。后来在国际足联的要求下，各国国家队的队长和主教练也都有了投票权。不过现在，随着双方合作的结束，投票权又回到了记者手中。

这次共有 173 个国家的记者参与。在排行榜上，C 罗以 745 的高分

　　稳居榜首，远超梅西的 316 分。我则以 198 分位列第三。[①]

　　事后有人告诉我，有七个国家的记者甚至还给了我最高分，他们来自：捷克共和国、阿鲁巴、利比亚、列支敦士登、新喀里多尼亚、巴勒斯坦和斯威士兰。我无比感谢这些国家的记者们。

　　C 罗曾经获得四次金球奖[②]，梅西得过五次，他们都是纪录的保持者。而我则是第十一个入选金球奖前三名的法国球员[③]，是最近这二十年来的第四个。

　　遗憾的是，我还算不上是真正意义上的 9 号[④]。我不觉得自己是每场必须得分的球员，集体的得失才是我关注的重点。我的技术比较全面，除了进攻，我还有很多可以为球队贡献力量的地方。

　　2016 年对我个人来说是无比荣耀的一年，我获得了很多奖项，比如欧洲足联评选的欧洲杯最佳球员[⑤]（评审团中有亚历克斯·弗格森爵

----

① 金球奖的投票规则是每名评委顺次按 1—5 分写上自己所选的 5 名球员的姓名，最后将球员的所有分数相加，得出前三名。

② 本书原版出版于 2017 年 5 月，当时 C 罗还没有拿到他的第五个金球奖。

③ 其他人是雷蒙·科帕、米歇尔·普拉蒂尼、让·皮埃尔·帕潘、齐内丁·齐达内、朱斯特·方丹、阿兰·吉雷瑟、让·蒂加纳、埃里克·坎通纳、蒂埃里·亨利和弗兰克·里贝里。

④ 在足球场上，9 号代表着进攻终结者，一般球队都会将 9 号球衣授予本队得分能力最强的前锋。

⑤ 在 2018 年世界杯淘汰赛对阵保加利亚队前的几分钟，他已经在法兰西体育场得到了奖杯。

士）；我凭借 6 粒进球而获得的欧洲杯最佳射手；我也获得了西甲最佳球员——这归功于我在 38 场比赛中的 22 个进球和 5 次关键性助攻。此外，我还被粉丝票选为最受欢迎的球员，以及被 UNFP（法国国家职业足球运动员工会）授予最佳境外法国球员。

金球奖评选上排在我前面的，简直就是两个传奇星球来的"外星人"，从 2008 年起，他们就再也没让这份荣誉落到"地球人"手里。我并不质疑他们的天赋，只是觉得这个奖项不免有些局限。

C 罗和梅西永远位居他人之上，但在我眼中，其实还有很多其他球员也都配得起这份殊荣。比如 2010 年世界杯上的哈维和安德烈斯·伊涅斯塔，还有詹路易吉·布冯和我的同胞弗兰克·里贝里。

2013 年，这位边锋（弗兰克·里贝里）在拜仁欧冠、德甲和德国杯夺冠的赛场上的表现都让人眼前一亮，可是在金球奖的评选中却止步第三。很遗憾，他本该获此殊荣的，我能感受到他的失望，那种感觉不亚于背后中枪。

这个奖项对于球员来说虽然仍具魔力，但某种程度上也开始渐渐褪色，失去了它本来的分量。当然了，我还是希望有一天能获得这份荣誉，不过这已经不是我的首要目标。我更希望能赢得世界杯或者其他集体荣誉，因为离开了团队，我什么都不是。

可是，随着颁奖日期的临近，我越发地期待能够站到领奖台上，因为那里仍然是能够被世人所瞩目的地方。我知道这个第三名将会在路易斯·苏亚雷斯、格瑞斯·贝尔、内马尔和我之间产生，我不曾期待能获得比第三名更好的成绩，于我而言，能获得第三名已经是最好的结果了。

在金球奖这场游戏中，C罗和梅西是永远的王者，这两个"怪兽"年年把守着这顶桂冠，为人们所津津乐道。将来的某一天，我的女儿也一定会听到对他们两人的赞誉之辞，那么作为她的爸爸，我为什么就不能成为他们那样的人呢？

能与巨星们齐聚一桌的机会实在来之不易，现在我要做的就是尽力留在这个位置上，继续与他们共进午餐。每一个赛季，C罗和梅西都在巨大的压力之下不断创出佳绩。2016年，那个葡萄牙人（这里指C罗）获得了欧冠和欧洲杯的冠军，两次都曾与我交锋，他在55场比赛中贡献了51个进球和17次助攻。

在西班牙，C罗和我是邻居，他也住在拉芬卡街区，有一段时间我们是邻居，他每天都会从我家门前经过。遇到的时候，我们会互相问好，然后就不再说什么了。后来我搬家了，但还是在同一个住宅区。去年暑期时，我还曾偶遇过他，但欧洲杯后就很少再见到了。

一次，我去美国迈阿密度假，晚上我和艾瑞卡去参加了一场拉丁文化秀，落座后我发现C罗和他的几个朋友也在，这真的很意外。演出结束后，我们转场到了一家迪斯科餐厅，我找到他，开玩笑地对他说："我讨厌你。"当然了，我也表达了我的祝贺，还悄悄地对他说："明年，我希望是你来祝贺我。"

对于C罗和梅西，我都怀有深深的敬意，但我和他们不一样。他们仿佛是待在自己的小世界里，刻意地与外界保持距离，像是厌倦了一直被人捧在手心上的感觉。而我呢，我就轻松多了，因为还没有那么多人关注我。

一次在伯纳乌球场的比赛中，皇马获得了一个任意球。C 罗主罚，我们开始组建人墙。我凑近问他打算往哪边踢，他回答说"我不知道"，我又开玩笑地问："是往看台踢，还是往球门里踢？"他没有回应我，直接把任意球发了出去，不过被我们的守门员挡住了。

我很喜欢和对手开一些无伤大雅的玩笑，但这绝非挑衅，在球场上开玩笑可以，但羞辱对方就不对了。

另外一次开玩笑是在我们的卡尔德隆球场，同样也是对阵皇马。他们的巴西后卫马塞洛负责盯防我。在获得一个任意球时，我逗他说："小心一点啊，我要进球啦！"假如当时我能越过他，就很有可能射门得分。可惜运气不好，我被他拦住断了球。我很喜欢这些轻松愉悦的时刻，欢笑是我生活中不可或缺的东西。

第二章

马孔：
球不离身

来自葡萄牙的家族

在我童年的记忆中，足球早已融入我的血液，这份传承源自我的外祖父——阿马罗·洛佩斯，一名职业足球运动员。

外祖父是一个身材不太高大的后卫，我的身体外形就很像他。虽然我没有看到过他踢球，但据说球场上的他让前锋觉得很难对付。他曾效力于帕科斯费雷拉足球俱乐部，身披黄色球衣。这个俱乐部所属的城市帕科斯在葡萄牙的北部，位于波尔图和吉马良斯之间，小城只有 6 万名居民。

不过当时这支球队叫作 FC 瓦斯科·德伽马，在之后的 1960 年，球队更名为现在的帕科斯费雷拉足球俱乐部。这支球队至今仍在葡超联赛球队名单中。

迫于生活的艰辛，外祖父在球队改名前就已经离开了葡萄牙。萨拉查[①]的独裁专制那时正处在衰退的阶段，让整个国家的人民苦不堪言，当时的葡萄牙生活并不完美。

---

① 西班牙前总统，独裁者，统治葡萄牙长达 36 年之久。

外祖父和外祖母卡洛琳婚后育有三个子女：何塞、曼努埃尔和玛利亚·阿里扎。

"二战"重创后的法国满目疮痍，迫切需要大量劳动力来重建国家。此时戴高乐将军大权在握，不久之后，他将会成为他自己一手创建的法兰西第五共和国的总统。法国政府需要大量的人力资源，尤其是建筑行业，因此引进了很多劳工。

除了踢球，我的外祖父还是一个泥瓦匠，于是在 1956 年的时候，他决定追随劳工潮，逃往法国。逃亡的事非同小可，所以外祖父只能选择一个人先去探路。当时，和许多农民、工人一样，外祖父拿不到旅游护照或者移民许可，只好通过非法渠道偷渡入境法国。

组织他们偷渡的人向他和其他几个愿意冒风险的人承诺，带他们从比利牛斯山穿过西班牙去往法国，这就要求偷渡者必须具备超强的体力和财力。最初他在罗讷河口省的卡西斯镇定居，这个镇子就在马赛附近，但是，这个地方并不能令外祖父满意。一年之后，一位建筑承包商库图里耶先生给他提供了工作机会。就这样，外祖父追随雇主来到了索恩 – 卢瓦尔省的马孔市，开启了他在法国的新生活。这件事发生在 1957 年。

安定下来之后，外祖父很快就把妻子和孩子们也接了过去。马孔距离巴黎 400 千米，距离里昂 65 千米，当时人口只有 3 万多一点，而洛佩斯家族则成了移民马孔的最早的一批葡萄牙人。在外祖父一家定居法国之后，又有大批葡萄牙移民辗转来到法国。十年中，葡萄牙移民的人口从 5 万增加到 75 万，葡萄牙人成为法国第一大外国移民群体。[1]

于是，马孔成了洛佩斯家族的"根据地"。随着安德里亚和我的母亲伊莎贝拉的先后出世，家族日益壮大了起来。多年来，帕科斯的市民也跟随着他们的脚步，陆续来到了这个勃艮第 – 弗朗什 – 孔泰[2]地区最南部的城市。

我的外祖母很乐意帮助新来的人融入这里的生活，还协助他们办理各种行政手续，葡萄牙移民无论有任何困难，只要来敲她家的门，外祖母都乐于帮他们解决。最不可思议的是，她自己一字不识却能够帮他们填写文件，这实在是令人惊讶，看来不会读写丝毫没有阻挡她乐于助人的热情！

我的外祖父此后就一直生活在马孔。多年之后，他因为一场严重的事故而残疾，更是没有办法离开马孔了。我没有太多关于他的记忆，因为他在我出生后一年（1992 年）就去世了。

马竞的第三门将安德烈·莫雷拉也是葡萄牙人，他 21 岁，身高 1.95 米。他曾跟我谈起我的外祖父，还说他曾经在一些相册中看到过我外祖父的照片，特别是在帕科斯费雷拉俱乐部 50 周年庆的纪念册里。他还答应把那本册子带给我，我已经迫不及待地想仔细翻看一番。

每年 2 月，马孔会展中心都会举办一场以我外祖父的名字命名的室内

---

[1] 葡萄牙对外移民潮源自于本国经济状况的恶化。"二战"结束之后，葡萄牙极右政府依然在全世界保有大量殖民地，如安哥拉、莫桑比克等，这导致葡萄牙政府需要为此承受极大的财政负担，从而严重影响了国内经济。葡萄牙人被迫向外移民。

[2] 此地名是法国东部一个大区的名称，东邻瑞士。

足球赛，以此来纪念他，让这里的葡萄牙后裔也有机会能聚集在一起。比赛由城市运动俱乐部举办，我的弟弟德欧就在这个俱乐部踢球，穿9号球衣。

我的外祖母在 2009 年去世。小的时候，差不多都是她在照看我们这些小孩。在我成年之后，我把她接到我们家，陪她走完了生命的最后一程。当时的我还是皇家社会俱乐部的一员。

幼年时，我曾在葡萄牙度过为数不多的几个暑假，在帕科斯我还有一些亲戚，但都没有联系过。在家里，我母亲也从来不和我们说葡萄牙语，所以我对葡萄牙的很多东西都很陌生。

将来，我一定要抽出时间去葡萄牙，拜访洛佩斯家族留在葡萄牙的亲戚们。如果要问我身上有什么葡萄牙人的特征，那我一定会说，我继承了我外祖母的翘臀！

我因足球而诞生

父亲的父亲维克多，也就是我祖父，生于奥尔良，是马孔的抵抗运动成员①。我父亲阿兰则是土生土长的马孔人，但他自己也不太清

---

① 第二次世界大战期间法国拒不投降德国的人民武装势力，主要活跃在乡间和小城镇，类似于游击队。

楚格里兹曼这个姓氏的由来，而且居然也不知道这个名字应该发音成Grièzmanne，而不是Griezmanne。据说格里兹曼这个姓氏源于阿尔萨斯地区或是奥地利，它的意思是"面粉男"或"沙砾男"。

我父亲从 9 岁起就一直在马孔 ASPTT 踢球，他踢过后卫和中场，惯于用肘部或是肩膀压制对手。他职业生涯的巅峰阶段曾达到 CFA（法国第四等级联赛）球员的水平。值得一提的是，他在圣埃蒂安的预备队比赛中还曾获得过冠军。

作为一名 CAP（钳工专业技能证书）的持有人，兵役结束后，父亲就在离家 10 千米的拉夏贝尔·德·坤切市获得了一个公务员职位。作为工作和住宿的补偿，他在俱乐部取得了比赛许可证。于是他来到了安省和罗纳省的交界处，在一个约有三千人的村庄里，当起了乡级的球员，比以往要低五级。

我生命中的一切几乎都得益于足球，甚至包括我父母的相遇。

当父亲为马孔 ASPTT 效力时，他最好的朋友是队友曼努埃尔·洛佩斯（也就是我未来的舅舅）。洛佩斯出生在葡萄牙，和我一样有着惊人的肺活量。以他的天赋，本可以当一名职业球员，但是他母亲不希望他离开家，所以坚决反对他出去寻求在足球领域的发展。最终，在足球和家庭之间，舅舅毫不犹豫地选择了后者。

即使现在，舅舅他还是会跟我的父亲打趣说他自己比我父亲强，还说我是遗传了他的天赋。我父亲则会反驳他："你有的是技术，而我拥有智慧。在足球界，智慧比技术来得重要！"

我舅舅当时是球队的队长，善于进攻。他们两个在俱乐部是最好的搭档，又是同年龄段的人，后来即便我父亲搬家后，他俩还保持着紧密的联系。

当时在比赛后，他们常常会去马孔酒店旁的一个河畔酒馆。我舅舅的妹妹，也就是我母亲，就在那里当服务员。

为了减轻外祖母的负担，养活家里的五口人，我的母亲16岁就开始工作。起初是在杜伊勒里的一家餐馆工作，成年后，她就来到了同一个老板的另一家餐馆——巴黎餐厅负责侍酒。我父亲对这个漂亮女孩一见钟情，念念不忘，虽然他俩有着9岁的差距。

当时，我已婚的舅舅在球场之外是一个细木工，负责木器的售后服务。他极力撮合着自己的朋友和妹妹，于是这对年轻人开始频繁来往，很快就结为伴侣。就这样，我的父亲娶了他中场队友的妹妹！那年他30岁。

1988年4月7日，他们迎来了第一个爱情的结晶，我的姐姐莫德降生了。3年后的1991年3月21日，我也呱呱坠地。又过了5年，1996年8月30日，我的弟弟德欧在马孔中心医院，也就是我妈妈当时工作的地方出生了。

我和莫德都出生在马孔夏利·盖雷街的一家旧的妇产院里，这个妇产院现在已经是索恩－卢瓦尔省唯一的一家专业护理机构了。和莫德一样，我在公民登记表上只有一个名字。而我弟弟德欧的名字里则加上了维克多和安马罗，这是为了纪念去世不久的祖父和外祖父。

母亲怀第一胎的时候，所有人都觉得应该是个男孩，所以他们就选了安东尼这个名字。母亲也非常喜欢这个名字。但莫德（我的姐姐）出生后，安东尼这个名字就不得不延期使用了。

小小少年的足球梦想

女儿出生后，我父亲放缓了踢球的节奏。每个周日的早上，他不会再去球场，而是陪着母亲去散步或采花。母亲不喜欢父亲在坤切工作，于是他就向有关部门提出了调回马孔的申请。

我出生后的几个月，父亲终于如愿地回到马孔，并且还得到了一套在高特里茨街区的公务住房。这是一套遗赠给市政的老房产，曾被改作会议室。房子虽然老旧，但那里绿树环绕，环境也算得上宜人。

每天早上 6：30 闹钟一响，父亲就准时起床去工作，中午回家与我们吃个中饭就又匆匆忙忙地赶回工作岗位。他的工作内容是维护和管理市镇名下的建筑，有时也负责处理一些机械和电路上的问题。

邻近的体育馆也在他的工作范围之内。作为看门人，他每天晚上11：00 还要去体育馆开启警报设施。那是一个综合性的体育场馆，除了足球，还可以进行排球、手球和篮球等多项运动。起初那里还没有铺柏油，大家都在沙地上活动。在我的要求下，父亲在场地里安置了球门。很快我就爱上了这个地方，连我自己都记不得每天要在这里度过多少个小时。

小时候的我热爱马孔的这座房子，热爱这里的宁静，周围的每一处建筑对我来说都能寻找到无限的乐趣。我还深深地记得那个被我万般蹂躏的车库大门，那个蓝色的像百叶窗一样的大门，上边坑坑洼洼的印记都是当年我练习射门时留下的，它们至今还在。

2013 年以前，我父母一直生活在那套公务住房里。如今，他们依旧住在马孔。我父亲也还在政府部门供职，一如既往地兢兢业业。到 2017 年 9 月，他才正式退休。三年前，我母亲在我的要求下停止了工作。事实上，她早已耗尽心力，由于长期承受着来自各方面的压力，她在身体和心理上都受到了极大的摧残。

我明白这是一种什么样的状态，就像英语"burn out"①说的一样，那是一个人内在的衰竭，通常被人们看作是职业病。母亲在年轻时的全身心付出都是以自己的健康为代价的，从 16 岁就开始操劳的她身体早就已经到达了极限。

当服务员的时候，母亲通过自己的努力不断攀升，直到有一天老板把酒吧完全托付给她管理。莫德出生之后，母亲辞去了工作，因为我父亲不愿意让她天天工作到那么晚。后来她为老人或特需人士做家政服务，即使是在我出生的那年，她也没给自己好好放个假，因为那时她的兄弟盘下了一个酒吧，她坚持要帮忙打理。

———————————

① 燃尽、耗尽的意思。

后来她在一家名为"Onet"的服务公司找到了一份工作，被分配到马孔医疗中心做清洁。从此以后，她每天早上3：30起床，4：00出门，11：15还要回来为我们准备午餐。刚开始，她负责清理病房和手术室，后来自己也成了负责人，带领着一个四十来人的工作组，和"Onet"公司的客户签订合同。她一年365天都会去医院，从不缺勤。

母亲做事总是会全力以赴。在她的小组里，如果有人临时打电话请病假，即使知道他们是故意的，她也会牺牲自己的时间来替他们完成工作。

母亲从不在意这些细节，更不会为了逃避代班而找尽借口。起初母亲很喜欢她的工作，但随着时光的流逝，这份工作也渐渐变得黯淡而无生趣。工作占据了她太多时间，她一直都处在疲惫之中，甚至都没有时间来看我。

不能再这样下去了，我坚决让她辞去了这份工作，没给她留任何商量的余地。

当然了，那时我在马竞的薪水和其他一些合同的收入已经很可观了，母亲完全可以不出去工作，可她就是这样一个片刻都坐不住的人，她最怕的就是无所事事的感觉。我从不后悔执意让她提前退休，尽管51岁的她还执着地幻想着将来某一天在马孔开一家酒吧。

父母给予了我们无私的爱和无尽的关怀，就连每次去家乐福或欧尚购物都不忘给我们带回一份小礼物。如今我所要做的，就是尽我所能让他们感到幸福。

出于对足球的热爱，我父亲曾经无偿地在很多球队进行训练，他带过的球员各个年龄段的都有，最小的是 U-9①。父亲曾经在图瓦塞俱乐部执教 5 年，这个俱乐部在安省图瓦塞市，距我家半小时车程。

我几乎每次都会陪着父亲一起去，我很乐意跟着他。那个时候，我还不懂得去观察细节上的东西，但我只要有足够的时间踢球就行了。我总是随身带着我的小足球，每次球员休息的时候，我就会冲到草坪上练习颠球、运球和射门，有时候是一个人，有时候和小伙伴一起。

结束一天的训练后，我和父亲总是很晚才能到家，第二天还要早早地赶去学校上课。尽管如此，我依旧乐此不疲、从不缺席。周末球队有比赛时，我也经常过去，不过我对赛场上的情况不大关注，只是在一旁踢我自己的球，比赛结束了才过去问一下比分。

共和国总统、宇航员、飞行员、医生、工程师、律师、兽医、科学家或演员——这些通常是孩子们的理想，但我很早就坚定了自己的人生目标，且从未改变：我要成为一名职业球员！

小学时，对足球的痴迷与狂热就已经让我的头脑里再无旁骛，整天醉心于我的足球梦想。从那时起，我的人生就再也没有 B 计划。至于学习嘛，我只能说那不是我的强项，我最喜欢的学科毫无疑问是体育。

我数学很差，对历史、地理也不感冒，学习也不怎么刻苦。我的座位总是在教室的最后一排。上课的时候，我常常望向窗外，看着经过的人，盘算着还要过多久才能下课去踢球。我的注意力也不是很集中，我

---

① U 就是 under 的首字母，表示年龄要低于后面的数字。

甚至都不知道自己是怎么拿到初中文凭的。这一点就连我的家人都不相信，他们经常调侃我说："你花了多少钱才买到这个文凭啊？"还好我运气不错，学校里的老师们也都很喜欢我，不会对我过分苛责。

害羞的里昂小球迷

当初那个顶着一头金发、永远球不离身的小男孩，是否连睡觉都抱着球呢？我现在已经不记得了，但我只知道高特里茨[①]的居民们绝对没有看到过不带着足球的我，我甚至还带着它去游泳呢！

有一次返校的时候，母亲追过来问我："安东尼，你确定没有忘带什么东西吗？""没有啊，我带着球呢！"我很坚定地回答。结果我竟然把书包忘在了家里，显然，在我这里，任何东西都没有足球来得重要。

足球从来都没有离开过我的背包，它让我忘记了所有的烦恼，让我感到幸福，它是我最最要好的朋友。

每天午饭前后，我们都会组织一场小型比赛。没有球门的时候，我就瞄准篮球架后面的三角形面板练习高射。只要能踢球，没什么困难是

① 格里兹曼一家居住的街区。

我克服不了的，足球几乎占据了我生活的全部。和伙伴们踢球的时候，我都会带上我自己的球，那是一颗职业球员使用的全皮制的足球，当然了，它的价格可不便宜。现在的我很高兴能够以自己的兴趣为事业，毕竟我在学习上真的是没有什么天赋，不过我还是很清楚教育的重要性。

如果有什么时间我没有去踢球，那么我一定是去看别人踢球了。

1998 年 7 月 12 日，法国队力克巴西成为世界冠军，那年我 7 岁。我依然记得当时的法国队队长迪迪埃·德尚 ①，也就是我现在的教练，在圣丹尼大球场将奖杯高高举向天空时，全场都沸腾了。

那场比赛我是在家里看的，法国蓝白红国旗就挂在我家阳台上，我还穿着法国队的蓝色球衣。每次进球，我和我的伙伴们都会兴奋地呐喊，一个，两个，直到 3∶0！

比赛结束后，我们来到索恩河畔，疯狂地按着汽车喇叭来庆祝这个伟大的胜利。我幻想着未来的某一天，我也能够作为足球运动员尽情地享受这样的喜悦。

世界杯备战期间，法国队在马孔车站停留了一段时间。艾梅·雅凯 ②的队员们在里昂北部的圣·达尔德勒斯进行了一场训练。当时，他们住在皮泽城堡，这里因博若莱葡萄酒而闻名于世，2016 年欧洲杯期

---

① 德尚是 20 世纪末期法国中场球员、国家队队长，职业生涯曾效力于马赛、波尔多、尤文图斯、切尔西等球队，后来成为法国国家队主教练。

② 1998 年法国国家队主教练，带领法国队拿到其历史上第一座世界杯奖杯。

间还曾接待过北爱尔兰的代表团。

那个时候，我看了一场在阿尔纳体育中心的比赛，是我最好的朋友让·巴蒂斯特·米肖的父亲带我们过去的。

赛场上，我们见到了很多球星，让·巴蒂斯特成功钻过铁丝网，得到了齐达内在他足球上的签名，而我却没有。我有其他人的签名，但就是没有齐达内的，为此还曾懊恼过一段时间。回想起来，那个时候的我实在是太害羞了，不敢跟齐达内去要签名。

不久前，让·巴蒂斯特给我看了一个短片，那是当年地方电视台M6 频道对法国队行程的报道片，片子里可以看到两个金色的小脑袋一直追着球员跑，那就是我们。

我和爸爸一起看过很多比赛。甚至有一次我们还长途驱车到马赛去看马赛队的比赛。那是 1999 年 4 月的一场欧冠半决赛，当时我 8 岁。

我记得那天是让·巴蒂斯特和我们一起去的，韦洛德罗姆球场座无虚席，参赛的有洛朗·布兰克、彼特·卢辛、大卫·吉诺拉、威廉·加拉斯、克里斯托夫·杜加里和法布里齐奥·拉瓦内利等人，比赛结果是0 ∶ 0，双方都没有进球。

事实上，那天我的注意力并不全在球场上，最吸引我的是马赛的球迷们。整场比赛他们都在欢呼高歌，一片沸腾。

我去得最多的应该是格兰球场了（法甲球队里昂的主场）。虽然我父亲不是这里的会员，但是我们还是经常过去。主要原因是这里离我家比较近，从马孔开车只要一个小时。从 2002 年到 2008 年，我有幸见证了里昂队连续七年获得法甲冠军的征程。

2002 年 5 月 4 日，里昂队第一次加冕冠军时，我就在现场。法甲的最后一个比赛日，他们成功击败了领先于他们的朗斯队，顺利登顶。

那天晚上，中场球员埃里克·卡里埃兴奋极了，探出围栏和观众互动，有一些观众还冲到了球场里面。他沉浸在欣喜中，兴奋地把球衣和短裤都扔给了球迷，身上只剩下三角内裤……我就在离他不远的地方，跟着一起欢呼尖叫，不过还是觉得稍微有些尴尬。

我看过的气氛最好的比赛，应该是 2000 年 12 月的联赛中，里昂队主场对战法甲顶级球队圣埃蒂安队的比赛。当时我混进了里昂狂热的球迷团"坏孩子"当中，看到了从未见过的场面。粉丝们疯狂地呐喊、尖叫，仿佛失去理智一般舞动雀跃，我费了很大的劲儿才从人群中挤到楼梯扶手边上。

比赛异常激烈：克里斯托弗·德尔莫特无比激动，在这支绿衣军团的补时阶段攻入了 3 个球。

为了避开散场后的交通拥堵，许多观众在最后的哨声响起前就离开了球场，而我们则一直要待到结束。等到运动员们都回了更衣室，我们就立刻撒腿跑向停车场，否则就不知道要被堵多久了。

12 月和 1 月的天气冷得要命，有一次我和堂兄多米尼克·马丁一起看马赛对里昂的比赛时，我俩差点被冻僵，以至于不得不把塑料袋套在脚上保暖。我记得我们被一个叫彼杜的球员看见了，他竟然把自己的球袜给了我！

我童年的偶像

里昂队真的是一支超棒的球队！我没有丰富的足球知识，也没有惊人的记忆力，但是我永远记得巴西后卫埃德米尔森那些精彩的传球瞬间。他是 2002 年世界杯冠军队的一员，他给前锋贡献的绝佳传球，以及在与埃因霍温的欧冠赛对决中，和队友弗雷德完美配合，最后从球门上边角打入的绝妙的进球，这些都让我记忆犹新。

里昂队里我最喜欢的两个球员也是巴西人。一个是索尼·安德森，1999 年他从巴塞罗那转会里昂；另一个是小儒尼尼奥，他最擅长远距离任意球，诡异的路线让对手防不胜防。

尤其是在对抗巴塞罗那或皇马的比赛中他主罚的任意球，我清楚地记得这位身着黄衫的 8 号球员几乎就站在角球的位置上发球。还有在对抗阿雅克肖时他主罚的任意球，在中场距离球门 40 米远的地方一脚射入。在对阵德甲球队云达不来梅的时候，他带球左右漂移，接着长驱直入射入球门的上边角。在这一套行云流水的动作完成之后，全场球迷忍不住振臂高呼他的名字——儒尼尼奥！我几乎对他所有的进球都烂熟于心。

我的偶像太多了。我的发型是模仿帕维尔·内德维德做的，他是都灵尤文图斯俱乐部的队长和捷克的队长。我的头发原本是浅褐色的，但我让我母亲帮我重新染了颜色，好让自己拥有和这个金球奖得主一样长长的金发。

我也一直将大卫·贝克汉姆视作自己的偶像，无论是在场内还是场外，他表现得都是那么优秀。我还是迪迪埃·德罗巴的粉丝，他在马赛队期间穿的球鞋的鞋钉都是蓝色的，而我的是银色的。为了模仿德罗巴，一天下午在去球场训练之前，我在家把我所有训练用鞋的鞋钉都涂成了蓝色。我还收集了很多里昂球员的亲笔签名，我父亲认识俱乐部医疗团队的负责人帕特里克·佩雷特，他是球队的运动理疗正骨师。里昂队在皮泽城堡休整的时候，我们特意去找他，这样我就可以近距离接触那些球员了。

我还是很害羞，是父亲帮我要到了他们的签名，还帮我和皮埃尔·莱格勒、维卡什·多拉索、菲利普·维奥罗、托尼·沃尔以及索尼·安德森拍了合照。我还拿到了我最喜欢的索尼·安德森的球衣，本泽马的那件则是我买来的。

在我看来，进球后的庆祝动作也很重要。我喜欢模仿费尔南多·托雷斯的样子，做一次尽可能远的滑跪。通常我都是助跑到角杆那里，然后跪着滑出去……我和我的那些小伙伴很早就这么干了。跟随马孔成年队去比赛的时候，我们就在开场前和中场的时间到场上踢球。

2016年打欧洲杯的时候，我们有一场与爱尔兰的比赛，攻入第二粒球后，我向加拿大说唱歌手德雷克致敬，学着他的样子跷起拇指和小指摇晃，就像拿着两部手机一样。这是他在歌曲 Hotline Bling（《电话响起》）MV 中的舞蹈动作。我在欧洲杯后面的比赛中也一直这么做，这个动作取得了不错的效果，大家都很喜欢，甚至有人把 MV 中德雷克的脸 P（修）成我的。我觉得很有意思，还曾经把它分享在我的推特和脸书上。

追梦的开始

小的时候，在球场上我除了射门还很喜欢守门。每当戴上守门员手套，我就好像获得了一种仪式感。不论是在草地上，还是在室内球赛坚硬的地面上，我都可以奋不顾身地扑救。

小时候，父亲还曾把我送到安省的欧特维尔进行了为期两周的培训。训练期间，我们上午踢球，下午进行一些其他活动。两周结束后，我带回了培训中心制作的录像带，为的是给父母看孩子在训练期间的表现。

当父亲在录像带里看到我总是在守门时，恼火地说："这可不行，我花钱送你去训练可不是为了让你当一个门将的！"但我对守门仍然有着特殊的钟爱，即使现在在马竞，每天训练快结束的时候，我也依然会跑到球门前客串一下守门员，只有挡下几个球才让我觉得过瘾。朋友们来我家院子里踢球的时候就更不用说了，我一准儿兴致勃勃地冲去当守门员。我待过的队里，似乎也就只有我有这样特殊的爱好。

夏奈·雷·马孔俱乐部是我效力的第一个俱乐部，我当时在俱乐部的少年队，我们的比赛在马索球场举行。

我女儿米娅的教父让·巴蒂斯特也在这支球队。我早期的教练之一是布鲁诺·切图，对于早期的教育，我对他一直怀有感激之情。后来夏奈俱乐部和马孔俱乐部合并，就有了马孔足球联盟（UFM）。

当时，我和一些不到13岁的小球员一起踢球。教练是谁呢？当然就是我父亲啦！每次被对方进球，父亲都会把账算到我的头上。

父亲对我尤其严格，好像全然不顾我们的父子关系，我从他那里得不到一点特权。不过这也造就了我如今坚韧的性格，我学会了从团队出发去思考问题。球场上，父亲经常斥责我，但回到家就会把这一切都抛诸脑后。

我们的球队里有好几个瘦小的球员，比如我和中卫让·巴蒂斯特，但这并不妨碍我们将那些高大的对手击垮。每场球赛我们都严阵以待，我和球队的小伙伴一起在联赛中披荆斩棘，打赢了很多场地区赛，最终获得了勃艮第地区的冠军。

当然失败也总是在所难免的，每当遭遇失败的时候，我就顾不上什么球员的风度了，兀自放声大哭。

小的时候，我比较常踢的位置是边锋和中前场，我习惯用左脚，这一点使我显得有些与众不同。我很喜欢我父亲的训练方式，他总是教导我们要想成为一个优秀的球员，首先要学会如何做人。父亲做了很长时间的马孔足球联盟U-19级的教练，休息了两年半后，他又开始指导U-13级，每周训练 3 次。父亲热爱教学，因为只有训练场才能让他永远保持亢奋。

让·贝尔维教练也指导过我，他当时和蒂埃里·科马斯一起负责足球队。在球队里，贝尔维负责 14 岁的小球员，他注意到了我的优势，给予了我很多照顾。这位先生是个了不起的人物，他的训练方式和我一贯熟悉的完全相反，几乎就是一场全方位的革命。

在他执教期间，我们训练的强度很大，但气氛也很欢快。他很重视训练我们的思考能力和弹跳力。为了增强力量，他让我们赤脚踢球，这对于当时的我们来说十分新鲜。起初我还觉得他有点过于狂热，但后来才发现他是对的。

每次训练临近结束，面对没有守门员的球门，他要求我们尽全力击球射门，这样球就可以不接触地面直接过线。我的脚变得越来越结实，光脚踢球也不再感觉到疼了，这教会了我另一种射门的方法，使我进球的方式更富于变化。

让·贝尔维教练于 2016 年 12 月 27 日过世了，享年 95 岁。他曾经入选过法国国家队，效力过汉斯、里昂和马赛等俱乐部。他曾经是尼斯 OGC 的领军人物，1952 年尼斯队在他的带领下夺得了联赛冠军和法国杯冠军。由于他在足球教学方面的杰出成就，人们都称他为 "le sorcier"（魔术师）。对于贝尔维教练，我想我永远都不会忘记他。

第三章

西班牙：
背井离乡

回忆我的家乡

童年总会有一种独特的气息，使人充满怀念与感动。我也常常需要回忆那些过往的时光来追根溯源，从而更加清楚地认识自己。

马孔，我的故乡，它因为是阿尔封斯·德·拉马丁的出生地而闻名。这位学者生于 1790 年，他既是诗人、小说家、历史学家，也是外交家。

拉马丁在诗篇《湖》中这样写道："光阴呵，停止飞行！你呵，作美的良宵，也停住，莫像水一般直淌！"在他的《沉思集》中，这些优美的诗句至今仍被世人所传颂着，因此在马孔这座城市里，到处洋溢着浪漫的气息，从位于塞纳斯大厦的博物馆，到随便某一所学校；从优雅的餐厅，到市政厅对面高高耸立的雕像。

而在这座城市里，现在也已经烙下了我的印记，其中最值得一提的就是安东尼·格里兹曼挑战赛了。

自从 2013 年起，这个比赛每年六月都会在北部体育场的四块人造球场上举行，由我创立的格里兹曼协会负责本项比赛的组织工作。我希望能通过这样的方式来回报这座城市赋予我的一切，也希望能在赛场上看到马孔的孩子们天真无邪的笑脸。

　　没有特殊情况，我都会尽量出席这项赛事，在那里送出我的亲笔签名，摆各种姿势拍照、颁发奖杯等。遗憾的是，2014 年因为参加世界杯的关系，我没能如约出席比赛，两年之后又因欧洲杯而不得不再次缺席。

　　在赛事进行期间，来自纳韦尔、博热、蒙索以及全马孔地区的 800个孩子会分别通过 U-9、U-11、U-13 组别的比赛对战。届时还会有四十多名志愿者负责照顾这 60 支队伍，比赛的盈利会在赛后全部转入当地的协会。为期两天的比赛，通常会有大约五千人到场观看。

　　格里兹曼协会是我整个家族的事业，我父亲是协会的主席，母亲是副主席。这项挑战赛的举办让我感到无比的骄傲，我拜托父亲帮我打理比赛的一切事宜，叮嘱他一定要给冠军队颁发一个大大的奖杯，还要选出最佳球员、最佳射手以及最佳守门员。决赛时，我们还会在球队入场时播放冠军联队之歌。我的父母事无巨细，样样亲力亲为，从饮料、小吃的供应，到祝酒仪式，每一项都安排得妥妥当当。

　　马孔是我真正的家，只要能有两天的休息时间，我就一定会待在马孔，躲进我的小窝里，再也不愿意出门。那里是远离世事最理想的场所，我懒懒地窝在沙发上，听着家人们的对话，闻着厨房里飘出来的母亲做饭的香味，听着父亲发的牢骚，还有弟弟放学回来的脚步声，何等惬意。

　　直到今天，只要我和姐姐谈论起有关房子的话题，就一定全都和马孔有关！在家乡，我从来没拥有过自己的房间，成长过程中都是和姐姐共住一室。我们的卧室就在父母房间的隔壁，在我小时候，房间的墙上不会贴足球运动员的海报，但我的羽绒被一定是里昂足球队的颜色。我去了巴斯克[1]以后，姐姐就自己住在那个房间里了。离开家乡太久，以至于我现在都不能完整地描绘出儿时的情景。

青年时代，作为青年球员，我在马孔的出色表现使我在当地以及周边地区渐渐有了名气。一些俱乐部开始留意我，并邀请我去试训。在这个过程中，我的父亲一直都默默地陪着我，既不刻意鼓励，也不强加阻止。他认为，既然我早已将职业球员当作自己的梦想，那为什么不去试一下呢？

领队让·巴蒂斯特的经历要比我传奇得多。他后来去了索恩－卢瓦尔省的格尼翁队训练中心，不过很快就退出了，之后又在墨西哥生活了一段时间，然后又回到了马孔，到一所初中当了学监。当年试训的时候，我们还曾并肩作战过。

我第一次参加试训是在欧塞尔俱乐部[2]，我本应该在那待两周，但却待了一个月。我以为会住在训练中心，没想却被安排在了一个年轻工作人员的家中。

---

① 巴斯克是一个地名，也是一个行政区名。在地名上，它指的是比利牛斯山脉西部、比斯开湾沿岸，地跨西班牙和法国的广袤区域。在行政区名上，它指的是西班牙一个大的自治区。关系类似于蒙古高原和内蒙古自治区。这里是作行政区名来讲。

② 欧塞尔足球俱乐部是位于法国中部勃艮第的市镇欧塞尔的足球俱乐部，成立于 1905 年，当时处于法甲联赛。队史最出名的球星是 20 世纪后来效力于曼联的坎通纳。

那时队里最出众的要数吉布里尔·西塞① 和菲利普·梅克斯② 两位球员了。我很喜欢这个留着金黄色头发、举止儒雅的后卫（指梅克斯）。那段时间里，我有机会参加了职业运动员的训练，欧塞尔青年足球协会的负责人虽然认为我很有能力，但最终还是没有把我留下。

随后我去了里昂俱乐部③。当时与我一同去试训的还有亚历山大·拉卡泽特、克莱门特·格勒尼耶和雅尼斯·塔菲尔④，他们虽然和我是同龄人，但当时早已名声在外。尤其是亚历山大，那时他已经有几粒很出名的进球，公众对他也是赞誉有加，所以当我们经过人群的时候，我听到人们会悄悄地说："快看，是拉卡泽特。"

我和拉卡泽特在小于 18 岁的队员选拔赛中成了好朋友，随后还一起赢得了欧洲杯 U-19 组别的比赛。回忆过去的时候，我还会开玩笑地对他说："你还记得当年里昂俱乐部不要我的事吗？"

---

① 法国著名前锋，职业生涯曾效力于欧塞尔、利物浦、马赛等球队，现已退役。

② 法国著名后卫，职业生涯曾效力于欧塞尔、罗马、AC 米兰等球队，现已退役。

③ 里昂俱乐部是法国著名足球俱乐部，长期位居法甲前列，队史重要球星有儒尼奥尔、本泽马等。

④ 三人皆年少成名，后来分别效力于英超阿森纳俱乐部、意甲罗马俱乐部和法甲里昂俱乐部。

从被拒绝开始

差不多有一年的时间，我父亲每周三都会带我到格兰迪球场和里昂俱乐部参加一个小时的训练。事实上，里昂队的负责人打算让我签一个由法国足联授权的被称作"无申请"的协定。

这个协定的内容是，在未来的两年里，我仍然留在马孔踢球，但里昂俱乐部可以随时向我提出签订合约。如果两年后没有签约的话，里昂俱乐部会支付我一些赔偿金，但作为交换，我在未来的三个季度内都不能和其他第三方签署任何合同。

这个协定虽然苛刻，但我却依然没有得到邀约。因为在里昂俱乐部的五个决策者中有两人对我的加入持反对意见，他们认为我并不是最好的选择。

每次被拒绝的时候，我几乎都会听到一套完全相同的说辞："您的儿子很棒，但是我们想再斟酌一下。我们会让他先留在马孔的俱乐部里继续提高，我们也会持续关注他……"这样的话我听了无数次，有时我真的很气馁，我不想再参加试训了，但我的父亲总是适时地鼓励我，他总是对我说："坚强点！如果一切进行得顺利，你会爱上它，这将成为你真正的梦想。"

在离开里昂之后，索肖和圣埃蒂安俱乐部①也都对我关上了大门。那时我快 14 岁了，父亲带我回家的那段路对我来说变得无比漫长，我整个人都湮没在失望的痛苦之中。

在试训中，他们甚至还让我在维希中心做腕部 X 光检查，以此评估我的发育情况，看看我能长到多高！这实在让我难以忍受。看来那些俱乐部只顾着寻求身材高大、体型健硕的球员，从来不对个人素质做整体的评估。他们选拔球员的标准就是测试跑 40 米的速度，如果没有在最短的时间内跑完，就会被淘汰。他们对球员这一概念的理解真是好笑……

再后来我又去了梅斯②参加试训。除了父亲之外，我的介绍人杰弗里也和我们一同前往。一天的舟车劳顿后，他们在市中心找了一家旅馆住下了，而我则留在了训练中心。那里所有的床上都印有梅斯的徽章，我为这些装饰和这里的氛围着迷。第二天是和德国斯图加特队的友谊赛，我在打了半场比赛之后，俱乐部的人就来找我们谈话了。

这一次，我自我感觉还不错，果不其然，负责人决定让我们下一周回来进行新一轮的试训。他跟我父亲说："您的儿子很有资质，我们想对他进行复试，我们会支付您费用的。"听了这番话，我终于重新找回

---

① 两支俱乐部皆是法国中下游球队，长期混迹于顶级联赛和次级联赛之间。
② 法国足球俱乐部，创立于 1932 年，长期混迹于法国顶级联赛中下游。

自信，心情顿时开朗了起来。

第二周的复试后，我们得到的回复也是非常肯定的，负责人的每一句话我都在一旁听得真真切切。"通过审核应该没什么问题，我会在一周内和您进一步确认这件事，但是您儿子需要留在这里。只要您想，您可以随时来看他。这个星期他会和我们待在一起，然后周末坐火车回马孔，所有路费都由我们负责。"在我脑子里，这件事已经算是尘埃落定了，我已经做好了心理准备。

然而一周之后，没有任何消息，又过了三周，依然没有消息，训练中心的负责人没有再打电话过来。最后，我还是通过梅斯俱乐部的一个球探才得知我最终没能被选上，没有任何解释！这太糟糕了，我感觉像是被重重地打了一记耳光。得到这个消息后，我把自己关在房间里好几个小时，忍不住放声大哭，无论如何都平息不了心中的怒火。当时，我甚至都想放弃我的足球梦了。

梅斯俱乐部显然在选拔方面存在问题，我的这种情况，伟大的米歇尔·普拉蒂尼也遇到过。他当时是热夫的青少年球员，在梅斯俱乐部预选期审核时也被拒绝了，就因为医生看了他的肺活量测试结果，从而判定他呼吸能力不足！

梅斯俱乐部的这段经历在我心中留下了长久的伤痕。后来朗斯（Lens）俱乐部①也联系了我的父亲，但他选择了拒绝，他放弃这次机

---

① 法国小型足球俱乐部，但曾于1998年获得法甲联赛冠军。

会是因为怕我再一次失望。但其实我的报复心并不重，我更愿意乐观地去看待这件事，就算被梅斯俱乐部录用也并不能就此保证我成为一名职业球员。

正是这些挫折造就了今天的我，虽然这样说好像有些不合常理，但事实就是如此。诸如"不好意思，对不起，他太小了"这些拒绝的说辞反而更加激励了我，能有这样的经历也算是我的幸运！曾经的我，那个留着长长的金发、戴着一对耳环的小男孩，就是在失败中找到了突破自我的动力。

不过，就那个时间段来说，经历了无数次打击的我简直快要发疯了。我无法理解为什么那些俱乐部单凭身体条件来选球员，而不是基于会面时的承诺。在我看来，对于一个13岁的球员，最主要的不是看他能不能在十秒内跑完百米，也不是看他以后能不能长到两米，而是应该认真地去判断他是否有天赋，是否有能力达到高水平。

那时的训练中心只想尽快出结果，所以尽可能图省事地进行选择，却不大关注球员未来的发展。由于我不仅年纪小，还很瘦，结果让那些傻大个儿都排在我前面了，我真是快气死了。在球队里也是，就因为个子小，不管我得了多少分，都不可能成为中锋。

还好，在蒙彼利埃俱乐部①的试训中，命运之神终于眷顾我了。

① 法国足球俱乐部，历史上曾长期混迹于法国次级联赛，近些年开始崛起。从格里兹曼试训过的俱乐部数量来看，他为了追求自己的足球梦想，已经尝试去联系法国超过一半的一、二级足球俱乐部，但无一成功。

幸运的意外

那是在 2005 年 5 月的第一周周末，蒙彼利埃俱乐部的一个球探邀请我以他们俱乐部的名义，参加一个由巴黎圣日尔曼俱乐部[①]（PSG）针对 13 岁球员创办的国际性兼地方性联赛。这个联赛以巴黎俱乐部一位曾经的领导人的名字伯纳德·布罗克汉德命名，他当时是戛纳的众议员兼市长。

联赛在圣日耳曼的洛吉斯营地举行，巴黎圣日耳曼队平时就在那里训练。我父亲带我和另一名参加测试的球员斯蒂夫·安图内斯一起乘高铁来到蒙彼利埃。和其他孩子不同，我并没有穿蒙彼利埃队的队服，而是穿了一件牙买加队的 T 恤。

当我从把我们带到场地附近的面包车上下来的时候，一位与我素不相识的先生微笑着对我说："我不知道牙买加队竟然也会来！"这就是我和埃里克·奥尔哈茨的第一次见面。

[①] 法国顶级俱乐部，现在所有者为卡塔尔财团，资金雄厚，是欧洲最具有竞争力的俱乐部之一，历史著名球星有罗纳尔迪尼奥等。

不过在当时，我并没有过多地注意奥尔哈茨先生，而只顾着去打比赛。休息的时候，我坐在看台上，一边看比赛，一边从口袋里掏出几块饼干来吃。奥尔哈茨先生朝我走了过来，犹犹豫豫地对我说："我想用一个俱乐部的小徽章交换一块你的饼干可以吗？"我对他说："我并不想要小徽章，但是我可以送你一块饼干，给！"就是这样，我们变得熟悉了起来。

埃里克住在巴约纳，他是一名球探，当天他来到这里就是为西班牙皇家社会队发掘有潜质的球员的。

在这场小型比赛中，我并不是很出众，只是在和一支实力很弱的球队比赛时成功地打进了一粒远射。那天傍晚，我在草坪上喝着雪碧等着颁奖的时候，看见埃里克就在旁边。他向我走来，问我他能不能喝一口，我就把我的饮料递给了他，然后他把他的名片悄悄地塞到了我短裤的口袋里，还在上边写了一小段话。

走之前他跟我说："拿好这个，等你回到马孔的家后，打开看看。"他特意反复叮嘱我在到家之前千万不要打开，可这个诱惑太大了，我没忍得住。在回去的路上，我读了他写在名片上的话。他说自己是一个球探，并写给我父亲说："我想让您的儿子来皇家社会足球俱乐部试训一个星期，请打电话给我。"

当时我的父母不在家，他们要在克罗地亚度假两个星期。我打电话把这个消息告诉他们的时候，父亲还不大相信，他以为是他的某个朋友开了个大玩笑，但我坚持说这是真的。在我的再三坚持下，他回来之后给埃里克打了通电话，并且开头就故意提高嗓音，为了显示出他没有被这个恶作剧捉弄。

"好的，请问您是？别闹了。请告诉我您到底是谁，我还有别的事……"不过很快他就意识到埃里克并没有跟他开玩笑。其实我自己挺想试一试的。蒙彼利埃俱乐部那边也和其他俱乐部一样给出了同样的说辞——"我们很抱歉不能录用您的儿子，但是我们会继续关注他的表现，不会忘了他"，等等。

至于皇家社会足球俱乐部，我父亲担心去了又会是徒劳一场，母亲也觉得太远了。此外，试训将会持续一周，这比我以往参加过的任何试训时间都要长。对此，我倒是动力十足，因为这段试训就安排在学校放假期间，而且西班牙的天气要比马孔暖和……

加盟皇家社会

在得到父母的同意之后，我就立刻出发去了埃里克的公寓。他的公寓就在巴约纳，距离大西洋海边只有十分钟路程。

　　我难以忘记在那儿的第一场比赛，对手是毕尔巴鄂竞技队 ①，我们的邻居。在这场小型联赛的决赛中，我们狭路相逢。刚一开场，接到角球时，我在心中就笃定了胜利，也可以说已经吹响了胜利的号角。

　　其他球员都比我早一年入队，让我感到非常惊讶的是队里还有其他一些身材比较矮小的球员，甚至有的比我还矮！看来西班牙队已经意识到身高对于踢球来说并不是最重要的……其他球员都用他们会得不多的几句法语跟我交流，鼓励我。

　　他们会把球借给我用，让我平时也能练习。而在法国，每个人都用自己的球。在这里恰恰相反，大家一起踢球，团队永远是放在第一位的，这一点也让我改变了很多。

　　那一周过得很充实，我感觉很满足。为了更好地见到试训成效，设立于圣塞巴斯蒂安的皇家社会足球俱乐部将我的试训期又延长了一周，让我和同级别的球员们一起训练，这也算是我们之间的竞争。一切按部就班地进行着。

　　我并不会说西班牙语，但是足球就是一种通用语，我实在听不懂指令时，埃里克就在不远处替我翻译。整个试训期间我都过得很开心，就好像自己是去度了两周假一样。

　　我带着一种完成任务的感觉回到了马孔，但事实上我并不想离开西

---

① 毕尔巴鄂竞技俱乐部成立于 1898 年，位于西班牙巴斯克自治区毕尔巴鄂市，长期处于西班牙顶级联赛中上游，自成立之后从未降级。

班牙，我很害怕回家后等来的又是失望。

我一边等待，一边照常过着来往于学校和马孔足联训练中心两点一线的生活。一天，我和我的堂兄在屋前的球场上踢球的时候，埃里克出现了，他是专门开车从巴约纳赶来马孔的。

下车后他先是和我们一起在球场上踢球，气氛十分轻松。下午晚些时候，他到家中和我父母谈话。他带来了一个好消息：皇家社会俱乐部的体育总监同意我成为他们俱乐部的一员。我真的高兴坏了，我并没有考虑这将意味着什么，只是仿佛已经看到了未来的自己，对我来说，或许是有机会参加西班牙足球甲级联赛，等等。

但是在那晚，我的父母看起来却并不那么兴奋，他们认为巴约纳距离我家有好几个小时的路程。尤其是我母亲，她很放心不下我。但我坚持说"我想去，让我去吧"，最终他们还是忍痛接受了。一切谈妥后，我父亲跟埃里克说："我把他交给你了，请保证不要让他干坏事。"

这是一个愉快的夏天。8月份，我的13岁结束了，而且我离开了马孔，向着巴斯克方向出发。它位于法国西南边境，在那里我开始了我全新的生活——一边在巴约纳的圣伯纳中学上课，一边在皇家社会足球俱乐部训练。我甚至都已经忽略了再也不能吃到我妈妈做的美味佳肴这件事！

我第一次和埃里克一起坐车是在2005年5月25日。我还清楚地记得那一天，长途奔波之后，我们找了一家小旅馆休息。电视上正播放着欧洲冠军联赛的决赛，AC 米兰队[①]对战利物浦队[②]，在土耳其的伊斯坦布尔。这真是一场精彩绝伦的比赛，上演了一幕不可思议的大逆转，赛事的进展也令人难以置信：中场时，英国利物浦队以 0 比 3 落后米兰队，但下半场比分居然在七分钟之内被扳平了。最后一记规定时间内的得分是由哈维·阿隆索[③]在两分钟内罚点球得的。一年前，他也曾是皇家社会足球俱乐部的成员。

由于众多英国球迷的捧场，红军（英国利物浦队）在点球大战的时候占了上风。看比赛的时候，我就向埃里克保证："你放心，这个欧洲冠军联赛，将来我们一定会去参加，并且我们一定会赢！"

---

① AC 米兰队是意大利的足球俱乐部，是欧洲顶级俱乐部之一，历史上曾经 7 次获得欧洲最高俱乐部荣誉。

② 利物浦队是英格兰的足球俱乐部，是欧洲顶级俱乐部之一，历史上曾经 5 次获得欧洲最高俱乐部荣誉。

③ 哈维·阿隆索是西班牙中场球员，国家队成员，职业生涯曾效力于利物浦、皇家马德里、拜仁慕尼黑等球队，获得过很多俱乐部和国家队荣誉。

西班牙生活的开始

来西班牙之前，我从来没有离开家人这么远过，所以为了避免让我有被完全抛弃的感觉，埃里克让我住在他家，为此我感到非常宽慰。埃里克知道，让我睡在宿舍或者接待家庭，我很有可能会崩溃，并且会比预料中更想要赶快回家。

在西班牙，我的时间安排是：上午 8：00 上课，中午去食堂吃饭，下午 4：30 之前回到教室。我其实一点儿都不喜欢那些课，因为老师们都太严格了。和在马孔时一样，我通常坐到教室最后面；考试的时候，我会毫不犹豫地越过旁边人的肩膀去偷看、抄袭；我的作业也做得不太好，因为通常训练结束回去就已经是晚上 10：00 了；我会朝我的同学借笔，因为我常常忘记带文具，做作业的时候忍不住去胡思乱想。

我不是个好学生，有时我还会故意写错题目。与上课相比，我更喜欢踢足球。有时为了逃课，我甚至会躲到学校的厕所里！校长忍无可忍，终于还是告诉了埃里克我经常旷课的事情，于是等待我的自然就是埃里克的一顿责骂了。

其实，埃里克经常因为我考的分数很差或者淘气训斥我——签合同的时候可没有德育这一条。有一天，我的西班牙语老师开门见山地跟埃里克说："安东尼到底是怎么想的？他只想着踢足球。他真应该好好想清楚自己能不能成为一名足球运动员！让他别在课上说话、做梦！他应该好好学习。"

从某种角度来讲，她说的话有道理。我很清楚拿到毕业文凭很重要，因为足球这个行当就如同大浪淘沙，真正走到最后的寥寥无几。她的这番话点醒了我，我被深深地刺痛了，这也更加激励着我取得成功，以向她证明她的那些关于我的论断是错的。

下课铃一响，我就直接冲到距学校一百来米的网球俱乐部等埃里克。他会开着他的大众汽车，接上他负责照管的来自法国的孩子们一起去皇家社会足球俱乐部训练。这些孩子中有初中生，也有高中生。

训练中心在苏维耶塔镇，大约 50 千米之外，途中我们会经过阿诺埃塔体育场①。这个体育场中间是球场，四周被田径跑道环绕着，第一梯队就在这个球场上训练。

一天，我对埃里克脱口而出道："看着吧，不久我就会在这儿踢球，并且得分。"埃里克听着我的"吹牛"，开心地笑了。为了不让我太过自以为是，他适时地浇灭了一点我的热情："不，不，这是不可能的。"

而直到今天，这一幕依然萦绕在我们的回忆中。他偶尔还会跟我说这样的话："你还记得我们在体育场的时候……"

_____

① 皇家社会足球俱乐部的主场。

当时，埃里克的车里有七八个座位，因为我年纪最小，所以坐在副驾驶位置上，也就是坐在他的身边。我们之间的友情就是这样建立起来的。在球场上，我努力尽快适应训练的节奏，全力以赴我的职业球员理想，渴望有一天能在数万名观众面前一展雄姿。

我的内心其实是很细腻的。我之前经常逃课，尤其是西班牙语课我更是很少去上，在听了衣帽间里埃里克和西班牙语老师的那段对话后，我感觉很难过，因此就更不怎么去上课了。在我的内心感到难过时，我很喜欢听歌，因为我觉得音乐具有神奇的疗效。

每当我怀疑自己的能力时，埃里克就会鼓励我说："别头疼，就和你在马孔俱乐部时一样踢球，一切都会好的。"他反复跟我说他相信我，让我继续努力。

"我跟你讲，不是每一天都能轻松地度过，甚至有时会濒临崩溃，但我知道，当我把你带到足球场上的时候，一切都会好起来的，你将忘掉所有的烦恼。相信我，我一直都在……"他的话很有道理。

不管怎样，远离家乡对一个孩子来说都是一件非常痛苦的事情。我的父母都有工作，所以他们周末没有办法来看我。即使寒暑假放假，回家的时间也很短，而且从我家到里昂－圣埃克苏佩里机场的路程又是那么漫长。

每次都是我父亲独自送我去机场，因为离别对于母亲来说太痛苦了。对我也是一样的，我总是坐在车后排默默地掉眼泪。通过高速公路的维尔弗兰切收费站时，我父亲总会停下车，然后转过身来问我："那么，我们是停下来，还是继续向前？如果你想回家，没有任何问题，我们这就掉头……"

我和皇家社会足球俱乐部只是签了一个协议书，而不是合同，虽然签约费用已经支付过了，但我也不需要负什么责任，所以我还是自由的。即便如此，我也从来没有动摇过。短短几秒钟之后，我就用袖子擦干眼泪对父亲说："不，爸爸，我要去。"

然后我们就会继续朝着里昂－圣埃克苏佩里机场的方向前进。

每次回巴约纳都要经历这样一次痛苦的分别，如果母亲决定一起来送我，她就会直直地坐在副驾驶的位置上，目视前方，从不回头看我，也不和我说话，好像很坚定的样子。其实我早就从后视镜里看到了她满脸的泪水，她只是不愿意让我看到她难过。

至于我的父亲，他看起来一副若无其事的样子，全神贯注地开着车。我从来没有见他哭过，但是当自己的孩子坐在身后哭泣的时候，他的心里怎么可能好受呢？一分开就是好几个月，他内心的挣扎只有在我成年之后才能有所体会。

在去机场的路上，我的脑子里全部都是在家时的一幕幕场景：与家人一起出行，母亲做菜，父亲下班回来，还有在吃饭之前等着我弟弟放学回家。我想念所有这些温馨的时刻，越想就越难以自拔！不过我对于足球的热爱足以让我忘却一切，只要登上了去比亚里茨（距巴约纳最近的机场）的飞机，就有了一种无牵无挂的感觉。飞机离马孔越来越远，我对家的眷恋也越来越远。

良师益友

一开始，我和埃里克的关系偶尔也会有一些紧张，不过每个人都会找到自我平衡的点，找到自己处事的方式，这样一切就会比预想中进行得更加顺利。

我的入住是埃里克第一次接待别人住到自己家中，这本不在他的计划之内，但对我们来说都挺好的。

埃里克单身，并且经常出差，他似乎已经适应了那样的生活，但现在，他主动担起了照顾一个正值青春期的 14 岁少年的责任，给这个少年买衣服，供这个少年吃饭，想尽各种办法培养这个少年。生活中没有什么是一帆风顺的，但庆幸的是至少埃里克一直在我身边。

直到现在，埃里克依旧是我的体育顾问，几乎每天我都给他打电话，这些足以证明我们的感情深厚。我甚至对他有一种盲目的信任，我把他看作我的良师益友，而不只是委托人。他和我的父亲费尽心力，就是为了我能有一个美好的未来。

远离家人，痛苦的不仅仅是分别。我不过生日，也不关注日常生活中的那些小乐趣。回到巴约纳的第一个月，往往都过得风平浪静。夏天还没有结束，太阳还是火辣辣的，进入 9 月份后，天气开始变得凉爽起来，白天渐短。每年这个时候，我都会有些消沉。如果不是埃里克把我接到他家，我一定会在 12 月 1 号就回马孔，更何况我在当地的学校里也没什么朋友。

每当我父母打电话来询问我的情况时，我总是会说一切都好。但是他们大概也猜到了事实并非如此，父母其实都能感受得到，因为他们才是最了解自己孩子的人……确实，有时我会在深夜边写短信边哭，甚至在某些瞬间脑子里会跳出要放弃的念头。自我鼓励其实是一件很困难的事情。

当然了，每当埃里克送我来到球场的时候，这一切就都被我抛诸脑后了。训练时，我非常刻苦，这会让我忘记很多烦恼。再加上埃里克还要送他照管的其他小球员，晚上我们经常要到十点多才到他巴约纳的家。到家的时候，我总是已经筋疲力尽，为此做不完作业也算是情理之中吧。

回家后也该吃饭了，但埃里克和我在烹饪这方面都不是很拿手。我唯一会做的就是烧碎肉牛排和加热米饭或者面条，而埃里克似乎还不如我，所以通常情况下，我们会一起去超市买很多速冻食品回家用微波炉加热，然后一起坐在电视机前吃。

作为皇家社会足球俱乐部的球探，每到周末的时候他就要去法国各地观看比赛，发掘有才能的年轻球员。当我一个人在家的时候，我都会觉得自己瞬间长大了，可以为自己安排生活，只不过我给自己安排得很简单：在电视上看球赛、玩游戏机。

巴约纳市的格言是用巴斯克语写的"Nunquam polluta"，翻译成法语就是"永远的净土"。这个城市有将近 5 万居民生活在比利牛斯山脚下，它的哥特式的教堂还被列入了世界人类文化遗产。埃里克的家在巴约纳市中心一座大楼的顶层，距离用伟大作家阿尔贝·加缪①的名字命名的加缪初中只有五十来米远。进了皇家社会足球俱乐部的第二年起，我就开始在这所中学读书了。

由于我和俱乐部签的只是一个协议，而非正式的合同，所以刚开始我的收入并不高，大约每年 6000 欧元，但巴约纳的生活已经让我很满足了。

埃里克开车送我们去训练的时候，我常常忍不住打瞌睡，尤其是当阳光暖暖地洒到脸上的时候。为了叫醒我，埃里克会突然在我的后脑勺上轻轻拍一下，他不想让我在训练时也这么昏昏沉沉。

他要求很高，甚至有点儿军事化。他一边开着车，一边给我们放他喜爱的音乐，从齐柏林飞船②到查克·贝里③，也就是说我听到的大多是同一类型的曲子。我更喜欢他的一个朋友来接我们回去，那样我们就可以选择不同的音乐了。

---

① 阿尔贝·加缪是法国文学家、作家、哲学家，是存在主义文学、"荒诞哲学"的代表人物，主要作品有《局外人》《鼠疫》等，1957 年获得诺贝尔文学奖。
② 齐柏林飞船，英国摇滚乐队，重金属音乐鼻祖之一，以"二战"时期德国重型武器齐柏林飞船命名。
③ 查克·贝里是美国黑人摇滚乐歌手，摇滚乐奠基者之一。

　　这段时期磨炼了我的性格，所以现在无论发生什么，我都能从容应对。我始终活在自己的世界里，这也就是为什么我在表达自我情感方面有些困难。我并不是那种善于吐露心声的人……直到我写这本书。

　　这些年的成长中，我尽量避免怨天尤人。遇到问题的时候，我也会尽量自己咬牙克服，而不会在埃里克或者我父母的面前表现出来，这也算不上故意骗他们吧。

　　吵架的情况很少发生在我身上，因为我不喜欢与人发生争执，通常情况下，我都会耐心处理，避免和他人爆发冲突。因此，我其实从来没有经历过叛逆期，当我感觉需要透透气时，我就会去电影院。

　　当然，处在这个年纪，我也会干一些荒唐事。正如那句谚语所说，年轻人就是如此，没什么可惊讶的。我和我的同伴们就曾经"借"埃里克的车去取我们在麦当劳的订餐，尽管我们都还没有驾照！这辆"迷你卡车"明显有一些颠簸，多年以后我们才跟埃里克说了这件事情。还有一次也是为了去麦当劳，我们"借"来了埃里克漂亮的自行车，我们两个人一个坐在车座上，一个坐在后架上。回去的时候，自行车坏了，车链子断了。因为怎么都修不好它，所以我们只好全盘托出，把埃里克气得够呛！

　　在巴约纳，我常去迪欧·莱特家，也经常和他一起出去玩。回马孔过假期的时候，我会尽可能地接触一些成年人的生活，比如去俱乐部400——城里的一家迪斯科舞厅，或者去K歌中心，那儿有四个大厅，更宽敞，也更有气氛。

　　我的青年时代与别人完全不同，足球几乎占据了我所有的时间，我不是在比赛，就是在训练。我不能参加聚会，也不能接受班里同学的邀请。不管什么理由，埃里克都坚决不允许我离开。他不让我骑小摩托车，认为那太危险了，也不让我睡在迪欧家，而且每天必须按时回家。于我而言，埃里克是鞭子老爹、是保姆、是大哥哥、是心理医生，同时也是朋友。总而言之，埃里克对我来说，是我什么都沾点儿边。他深知要想踢好足球需要很强的纪律性，也知道成功可能转瞬即逝。对于那些女生，他也采取一样的态度。

　　埃里克大部分时候很严厉，但我们在一起的时候也充满了欢笑，而且十分有默契，就比如玩卡丁车或者打保龄球的时候。

　　有的时候，他也带我去看足球比赛，我们一起看了好几场比赛。在这些比赛中，他会写下来一份关于他看好的球员的汇报，以便将他们招进皇家社会足球俱乐部。有一次去波尔多看球的路上，他像往常一样听着他的音乐。我有些生气，他看出来了就对我说："如果你不高兴，就把唱片拿出来好了。"然后我就真的那么做了！我拿起他的查克·贝里的唱片集从车窗扔了出去！

　　当然了，抛开这些小插曲不说，跟埃里克去波尔多还是让我受益匪浅，给了我探索职业足球世界的机会。在看台上，他让我认真观摩比赛，并且说："一会儿你给我讲讲关于这场比赛你喜欢的地方和你不太欣赏的地方，然后我们来比较一下。"我很喜欢这种方式，而且十分投入，对比赛丝毫不肯错过，仔细观察着球场上的每一处细节。

平时训练的时候，每当埃里克感觉我有一些松懈，或思想不集中的时候，就会想方设法引起我的注意。在他眼中，我应该专注于并且只专注于足球，不应该有丝毫的分心。尽管他的严厉让我有些发怵，但我还是认为他是对的。

一直以来，他都给了我很多建议。他会来参加我的见面会，会看我所有的比赛，说出他欣赏的地方，同时也指出我的不足。

有一天，训练结束后，他接我回巴约纳，像往常一样，我们很晚才到家。他若有所思几分钟后，就带我重新上了车，他什么也没说就把车开到了海边。他说他对我的表现不太满意，说我做出成绩的时间太慢了，然后就从箱子里拿出球来。当时天已经黑了，他打开了车灯，并把光照向了一堵矮墙。

随后他在地上画了一些图，要求我每一次朝着墙踢球的时候，都要在球落地之前控制好它或者传出去。我就这样一直重复着这些动作，过了很久，尽管筋疲力尽，但我还是坚持着。时间就这样不知不觉地过去了，以至于当我们打算离开的时候，车子的电都耗完了——因为埃里克一直让他的车灯亮着！

后来，他在半夜 12：00 的时候打给了一个朋友，让他帮忙把充电器带来，这样我们才得以离开。这段神奇的训练真是让我受益匪浅，我在球场上的速度得以提升，传球也比以往快了，这一定程度上都得益于巴约纳海边的那一次特训。

第四章

一夜成名：

我今天的生活

享受被人拥戴的我

合影或签名时，孩子们脸上露出的笑容给我带来了无尽的快乐。我并不知道，未来的球场上是否能有他们驰骋的身影，但这让我想起当年的自己，那时候的我是多么渴望能与索尼·安德森[①]，或是任何一个贯穿我童年记忆的里昂球星来一张合照。

无论如何，我都希望孩子的父母们能尽可能地鼓励他们，支持他们的足球梦想。可现实中，我常常看到的却不是这样。我经常看到父母们在赛场边不断地指责抱怨，甚至在一个视频中，一对父母竟然在孩子比赛期间大打出手！我真的很想告诉他们，一名职业球员首先要学会的就是在赛场上保持轻松愉悦的心情，如果做不到这一点，他不可能成为一名职业球员。放松对于他们的孩子来说非常重要，很多孩子的足球梦正是被父母过高的期望和苛责所压垮的。

[①] 索尼·安德森，巴西前锋，曾长期效力于法甲（法国足球甲级联赛）。格里兹曼小的时候，安德森是法甲最受欢迎的球星之一，他脚法秀丽，擅长复杂的技术，深受法国球迷喜爱。

我父亲是足球教育家，他非常支持我，从不逼迫我做我不喜欢的事情，对弟弟也一样。12月天气很冷的时候，德欧（格里兹曼的弟弟）不想训练，父亲也会尊重他的选择。我想如果不是这样，他大概早就厌烦足球了。

因为父亲的言传身教让我觉得踢球是一件很快乐的事情，我总是能够从中获得愉悦，所以你会看到，在我力所能及的范围内，我会努力为我的体育事业树立一个良好的形象。通过微笑，我告诉大家，并不是所有的球员都那么脾气暴躁，这也是我受欢迎的原因之一吧。

当然，并不是每个人都喜欢我，我知道很多球迷或者记者都有他们自己偏爱的球员，我也无意去改变他们的观点。他们怎么写球场内外的我，怎么报道我，我都从不去理会，因为我清楚自己的表现是好是坏。

我曾经拒绝了 Media training^① 的追踪访问，因为我不想被别人塑造成某种形象，我只想追随内心做真正的自己。我知道，我的法语一直都算不上熟练^②，生活中还是要用西班牙语，讲话的时候也常常忘词，有时候甚至干脆不知道要说什么。但是我肯定这就是我，而不是一个被塑造出来的完美机器人。

我原本是什么样的人，就说什么样的话，绝对不会为了成就别人心

① 一家欧洲媒体，以纪实报道为主。

② 格里兹曼虽然是法国人，但从 14 岁起就一直在西班牙生活和训练。对于青少年而言，成长的语言环境实际上要比教育的语言环境更重要。

目中的那个我而改变自己。如果我没能使别人满意，那么抱歉，我不会为此做出改变。

有趣的是，虽然我没有刻意去讨好谁，但依然幸运地获得了大众的喜爱，在一次网络投票中，我得到了最高的票数，于是我的照片出现在FIFA16游戏的封面上，就在梅西的旁边！对我来说，这简直就是一场梦。要知道，当我第一次以职业球员的身份出场时，我永远都不会想到有一天自己能够成为全世界球员的代表。当然，这只是法国版游戏的封面，我的下一个目标是出现在世界版的封面上！

此外，我还有过一首属于自己的歌，那是法国概念乐队（The Concept）创作的，在欧洲杯前传到了YouTube上，我的名字出现在歌词里。副歌中唱道："安东尼·格里兹曼，他无所不能（Yes he can！）。"姐姐拿来给我听的时候，我笑着告诉自己："伙计，你真的开始出名了。"

2016年8月，我入选了法国人最喜欢的人物榜单。在《周日报》每半年公布一次的前50名的榜单中，我最后位居第六，在让·雷诺和苏菲·玛索①之间。我并没有刻意地去追求这份荣誉，但是，我确实出名了，我为此感到自豪。

当然，我的出名也要得益于强大的法国队的光环。法国队就是力量的象征，而我们是法国队的代表，让法国人民感到快乐是我们足球运动员的责任。正因如此，每次在公开场合中，我们都显得很谨慎，因为即

---

① 苏菲·玛索和让·雷诺，均为法国顶级影星。

使是一件小事，在名人效应下也会变得轰动一时。

在众人的注视下，我在马德里竞技队^①不断前行，淘汰巴塞罗那队^②，淘汰拜仁慕尼黑队^③，打进冠军联赛决赛。然后是法国的欧洲杯，我们获得了第二名，一切仿佛突然加速了。

18 岁为皇家社会队效力时，我经常主动要求与对手交换球衣，而现在却恰恰相反，很多对手赛后都会抢着和我交换球衣。我发觉自己已经成为一些球员孩子们喜爱的冠军，赛场上裁判会喊我的名字，球迷们也会在我下车时为我高呼。

另一方面，通过我在克莱枫丹签名的球衣数量也能看出我的受欢迎程度。在一些宴会上，我也常常会被要求在球衣上签名，然后送给一些大人物。我收到的要求签名的球衣数量是如此之多，以至于我已经快记不得都为谁签过名了。唯有一件我印象深刻，法国足协主席诺尔·勒·格拉艾把我欧洲杯决赛时穿的球衣赠给了现任内政部长贝尔纳·卡泽纳夫。

能在球场之外受到欢迎，我感到很高兴，这也证明了我的人格魅力。

_____

① 马德里竞技是西甲足球俱乐部，长期位于西甲中上游。2014 年，格里兹曼转会到该俱乐部。

② 巴塞罗那俱乐部，西班牙最重要的足球俱乐部之一，欧洲顶级足球俱乐部之一，曾五次获得欧洲俱乐部最高荣誉。

③ 拜仁慕尼黑俱乐部，德甲最重要俱乐部之一，欧洲顶级足球俱乐部之一，曾五次获得欧洲俱乐部最高荣誉。

商业世界中的我

我没有办法忍受被别人长时间盯着看，但每次外出去酒吧，总会有认出我的人回头看我，就像在监视我喝了多少一样，这让我很难为情，这也许就是成名后的困扰吧。

但是我承认名誉令我愉悦，如果还能有个"头衔"就完美了。历史上有过"普拉蒂尼一世""齐达内一世"，我希望有一天会有人说"格里兹曼一世"。我想成为繁盛时期的一名球员，在 10 年、20 年后还会被人记起，我将倾尽全力等待着这一天的到来。

我收到过各式各样的活动邀请，我也喜欢从足球中走出来去感受不同的生活。我曾经参加了动画片《乐高蝙蝠侠》（Lego Batman）的制作。

莫德①和我说，制片人希望我为里面的超人配法语原声，起初我还有些推托，因为我觉得自己胜任不了，但最后姐姐还是说服了我。我要说幸亏我没有拒绝，对我来说，这是一次非常特别的经历。

影片很有趣，超人也一样。配音时需要紧跟剧本，并且配合画面，

---

① 格里兹曼的姐姐兼公关负责人。

这对我来说并不容易。由于我没有时间前往巴黎，制作团队便来到了马德里。我们在一个工作室里工作了两个半小时，最终完成了录制。其实影片里我需要"演"的只有两个场景，剩下的部分和我没什么关系。制片人希望我能出现在影片的剪辑中，但我婉言谢绝了。

我真的没有时间，以至于不得不拒绝很多事情，就像对于慈善乐团"爱心餐厅"的邀请一样。他们能够想到我，这让我非常感动，可是因为赛事过于频繁，我不得不留下时间来恢复体力。我错过了今年的演出，但希望以后还能够有机会参加。我没有唱歌的天赋，不过和其他专业人士一起表演，也许我还能有所进步。

商业广告让我有机会换下球衣，以另一种形象出现在公众视野里。我曾和前橄榄球运动员法比安一起为法国家喻户晓的品牌"运动2000"（Sport 2000）代言，我也曾经为三个世界级的品牌——吉列、Beats 耳机和彪马拍摄广告。在一则广告中，我和尤塞恩·博尔特[①]一起出现，不过事实上我们从未见过面，我们的时间凑不到一起，只好各自完成自己的部分。

画面中，我们西装革履地出现在同一个晚会上，我模仿他经典的"闪电"庆祝动作，他模仿我在球场上的动作。制造商的另一个品牌代言人

---

① 尤塞恩·博尔特，牙买加跑步运动员、足球运动员，2008 年、2012 年、2016 年奥运会男子 100 米、200 米冠军，男子 100 米、200 米世界纪录保持者。

是蕾哈娜^①，我常常想：怎么就不让我和她一起拍一则广告呢？

在彪马最新的广告中，我把酒瓶高高扔起，为情侣扮演丘比特，我那个来自歌曲《电话响起》（*Hotline Bling*）里的进球庆祝动作在广告中大放光彩。我一会儿是酒吧招待，一会儿是理发师，一会儿编织围巾，一会儿又开起了战斗机！我喜欢这种自嘲的形式，在整个拍摄过程中都忍不住哈哈大笑。而事实上，所有镜头都是在绿色背景下完成的，而且我也从未学习过喜剧表演。唯一让我痛苦的是广告拍摄持续了整整 6 个小时，而我又不是一个很有耐心的人。

导演总是反复着同一个镜头，后来，我不得不想办法让他知道，我希望尽快结束这次拍摄。很多品牌都曾经找我代言，但我会挑选一些适合自己的产品，甚至会挑选前来洽谈的人。我曾经拒绝过几个重要的客户，就因为与他们的观点不同。经济收入并不是我拍摄广告的唯一目的，所以我不会什么都接。

当我被邀请为"白丝带"女性权益运动^②代言时，我毫不犹豫地接受了。通常，拍摄时间需要提前一到两个月预约，而这一次，在收到剧本后的第一周我就约见了开云基金会洽谈相关事宜。在影片中，我作为受虐女性的发言人，读了一位在小时候遭遇割礼的受害者的证词。

---

① 蕾哈娜，在美国发展的巴巴多斯籍女歌手、演员、模特。
② 男士反对"男性对女性施暴"运动的别称，起源于 1989 年 12 月 6 日的一次暴力犯罪事件。

成名后，我依然是我

作为足球运动员，虽然我们只是简单地踢球，但却拥有可以打动众人的力量，我们正是要借用这种力量起到对社会的正面引导作用。

有人会问，在谈到拥护权贵利益时，我为什么要退出呢？原因很简单，因为我从不触及政治。首先不应该把这两件事混为一谈，其次我对这个话题一点儿也不感兴趣，至少目前是。在西班牙或是在法国，常常会有人会向我介绍一些政府官员，可我不认识他们，因为我很少看电视。

从 2014 年巴西世界杯起，我都是依靠塞巴斯蒂安和法瑞德为蝉联四次冠军的运动员们创办的肖像权管理会来处理我的公共关系的，他们还负责保持一些与我自身价值观相符合的合作伙伴关系。2017 年年初，我解除了与肖像管理会的合作，从此一切都由我的姐姐莫德来打理。

我还有一个社交管理员叫安德烈。在社交网络上我一向都很活跃，因此他的帮助对我来说非常重要。目前，我在脸书上有 670 万关注者，推特上有 340 万粉丝，照片墙（Ins）上有 840 万粉丝。

安德烈是我童年时的朋友，他不怎么踢球，但小时候经常来我外婆家。离开马孔后，我就再也没见过他。有一天，我在脸书上看到了用我的名字命名的主页，而安德烈就是管理员。我们因此重新建立联系，并恢复了往来。此后他一直认真地帮我打理主页，及时更新状态。

安德烈的主要工作是在马孔的通信部门管理社交网络，他为我处理了很多事务，却从不向我要一分钱。他本可以要求我支付报酬的，可他从来没有这样做，就连我提出要给他薪水时也被他拒绝了。我只是偶尔为他支付飞机票的费用，以便他能够来看我。他真的是个好伙伴。

推特和 Ins 都由我自己来打理。我在上面逗趣、开玩笑、晒照片，有时会打错字，可又有什么关系呢？这就是真实的我！

因为脸书上的管理员一直是安德烈，所以我们也常常互动。网络上，一直有很多人在关注我，但我从来不用滤镜美化自己，我所发布的每一张照片、每一行文字都不加修饰。在这里，我分享着每一刻的心动，分享着最真实的情感。倘若非要让我表现出一副商业合作伙伴的嘴脸，那我将无法获得丝毫的快乐。网络上的我，就是生活中那个最真实的我。

常常会有很多人向父亲索要我的球衣或者照片，但我并不希望他总是有求必应，这也成了我们父子俩之间争吵最多的话题。

在马孔，有时候会有人提出一些比较过分的要求，还说他们的儿子曾经和我一起上过幼儿园，这种事情没完没了。我告诉父亲，即使把球衣和照片分发给每一个人，也不见得能让他们全都满意。我不希望这些人从父亲这里获利或者过分地利用他的友善去获取礼物。让别人开心固然重要，但是也应该学会保护自己。

不久前，父亲送我去机场。透过后门的车窗，我看到了一大包我的照片。我想他是要发给孩子们，让他们开心吧。他不知道怎么说"不"，但有些时候，一些人真的需要被拒绝。

我的崇拜者中也不乏女性。我是否知道自己有着英俊的外表呢？当然！但是我从不自恋，也从不在赛场上或者其他地方卖弄风情以博人眼球。

我收到过很多信，还有寄给我或是给我女儿的礼物。俱乐部每天也会收到四五封给我的信。信太多，我没有办法一一回复，因为就算花上一整天的时间也不一定回得过来，不过这些信我都会看。

我甚至还收到过一封求婚信！那是一个 4 岁的小女孩寄给我的。她在信中这样写道："你好，我叫卡普辛，我 4 岁啦！我给你做了一条特别漂亮的项链。——卡普辛（P.S. 我想和你结婚，但是我妈妈说我太小了。）"

虽然信很有可能是妈妈帮忙写的，但我还是觉得她很可爱，还在厨房把它念给了艾瑞卡听。在推特上我回复了这个可爱的小姑娘："小卡普辛，我收到你的信了，而且我非常喜欢那条项链。谢谢我的粉丝们和你们所有的来信。"

当然了，诱惑也一直存在。足球运动员确实很引人注目：年轻，赚钱快，容易被影响。从踏入职业生涯的第一天起，我就看到越来越多的女孩围绕在球员周围。

　　但这些对我没有丝毫影响：我所要的东西只有家庭能够给予！我对友情和爱情绝对忠诚，因为我追求的不是一时的情爱，而是一个值得信赖，可以一起平静生活的人。我知道，在艾瑞卡身边，我就是地球上最幸福的人，并且我很早就明白她是我命中注定的人，是那个我愿意与之一起共度余生、生儿育女的人。

第五章

皇家社会：

巴斯克的胜利

作为球童

法国给了我生命，但是西班牙养育了我。

我的朋友大都是伊比利亚半岛的人，只有那么一两个来自马孔，还是童年时认识的。我的女朋友艾瑞卡——未来的格里兹曼太太也是西班牙人。在每场比赛前，我用西班牙语宣誓。在球场上，我听着"vamos，vamos"（西班牙语"加油"）的喊声奋力拼杀。西班牙语就像是我的母语，我随时随地脱口而出。就连跟我的狗 Hooki 说话时，我也用西班牙语，尽管它是一只法国斗牛犬。

西班牙语这门语言已经深深根植于我的生命之中，女儿出生后，我几乎只跟她讲西班牙语，虽然我也希望尽可能地让她掌握一些法语，但显然，讲西班牙语对我来说更容易一些。因为从 14 岁来西班牙到现在，我差不多已经将自己看作是半个西班牙人了。

当然，这一切都源自足球。因为足球，我来到了西班牙；因为足球，我成了半个西班牙人。在足球这项集体运动中，我不断成长、不断进步，我的速度越来越快，在场上也变得更加灵活自如。我的技术胜在细腻、迅速，并能对球的轨迹做出准确的判断。

在西班牙，足球训练更像是一门哲学课，一种思维能力的提升。训练中，我们拿到球后只能触碰它一两下，然后就必须将球踢出，所有的思考必须在拿球之前完成。这样日复一日的训练，使得每个人都具备了独立思考的能力，并将其变成了一种身体本能的反应。不过我至今仍不善盘球，运球时缺乏自信，就连在马孔和朋友们踢球时也是这样。

如今我能与世界上最强的球员在一线竞争，都归功于当年在皇家社会的训练。在这个巴斯克球队，我接受了系统的足球训练，球技稳步提升。

每天下午 6：30 放学后，我都会准时去参加训练，我的脑子里除了足球再无其他。有一天，埃里克问我愿不愿意去阿诺埃塔冠军赛做一个赛季的场边球童，我很开心地答应了。想到我能最近距离地接触那些职业球星，能站在草坪边上感受赛场上的气氛，能亲自体验那些巨星的感受，心里不知道有多兴奋，这样的机会真是求之不得。

我有幸成为皇家马德里队 ① 的球童，就是那支众星云集的银河战队——齐达内、贝克汉姆、罗纳尔多、劳尔、卡洛斯……在更衣室换衣服的时候，他们给我们每个球童都发了一个足球，让我感到无比骄傲。

这支明星球队已经让我忘乎所以，特别是我的偶像贝克汉姆以及法国球星齐达内，更是让我兴奋不已。有他们的比赛时，就连我们队的热

---

① 皇家马德里，西班牙足球俱乐部，欧洲最成功的足球俱乐部，历史上共获得 13 次欧洲俱乐部最高荣誉。后面提到的齐达内等球员，都在同一时间效力于皇家马德里俱乐部。

身我都顾不上看一眼。有一次，比赛一结束，我就急忙跳过围栏跑向齐达内，向他要他的战袍，谁料他已经和对方球员交换了球衣。

齐达内看到了我失望的样子，他对我喊道："跟我来！"我不知所措地跟着他走向更衣室，心想也许他会给我他的照片或签名什么的，可万万没想到，他竟然脱下了短裤送给我。看着他穿着内裤跑回更衣室，我简直不敢相信这是真的。

那个赛季，我在很多场比赛中做球童，我认真地分析每一个动作，想象着自己进球后做出胜利手势的样子，总觉得还没过瘾。在这样充满喜悦的期待中，一个赛季就结束了。

和皇马一样，当时的巴塞罗那也有着无比强大的阵容：哈维、伊涅斯塔、梅西、德科、小罗、萨穆埃尔、埃托奥，以及同样闪耀的法国球员鲁多维奇·久利，我还得到了他热身时穿的套头衫。

这些球员不仅球技过人，而且待人友善，我一直以他们为榜样。这也是为什么即使在今天我对那些向我索要签名或照片的人都很在意的原因之一，其实不久前的我也和他们一样……

进入一线队

那个时候，我并没有更远大的计划，我唯一的梦想就是有朝一日能代表皇家社会去踢一场球。每当我经过阿诺埃塔那个拥有 32000 个座位的体育场时，我都在想："这将是我的体育场，我一定要在这里进球！"

后来，我开始在预备队训练，穿 10 号球衣，教练是梅奥·科德罗，皇家社会队前前锋，还曾在巴塞罗那效力一年。在训练预备队前，他是波斯尼亚和黑塞哥维那国家队的主教练。他很喜欢我，认为我的技术够硬，但就是身体不够强壮，所以对我的信任还有所保留，让我和那些比我小一岁的孩子一起踢球。

我足球生涯的转折点是我被允许加入一队的那一天。

那是 2009 年 7 月，那时的我仅有 18 岁。有一天，我刚刚踢完一场球，在苏维耶塔训练基地的走廊里慢步走着，忽然听见埃里克远远地叫我："安东尼，我有话跟你说，很重要的事！"

我的心里暗自想着：好吧，又是他那些"超级重要"的事，无非是"结束了到车里等我"……说得好像我会自己骑自行车回巴约纳一样，那里距离苏维耶塔可有 60 多千米！

我漫不经心地走了过去,惊讶地发现他笑得嘴巴都快咧到耳朵根了,他说:"今天下午你要和一队一起训练。"

天哪,这不会是一个梦吧!能与智利门将克劳迪奥·布拉沃以及西班牙中场米凯尔·阿兰比鲁还有普列托 ① 并肩作战,这将是一种多么美妙的感觉!以前我可是每个周末都守着电视机看巴斯克的地方台EITB,为的就是看他们的球赛。

当时联赛还没开始,球队要参加季前赛,但阵容并不完整,所以需要预备队球员补充进去。下午到达球场后,我和两三名同样来自预备队的球员静静地坐在角落。坐在场边的我并不为此感到惊讶,这太正常不过了,职业球员怎么也不应该与我们这些菜鸟混在一起,至少在适应期前不会。

当时的教练是乌拉圭人马丁·拉萨尔特,他之前是乌拉圭国家队的后卫,曾赢得解放者杯和洲际杯冠军。任职教练后,他的工作主要集中在南美洲,从阿根廷(河床竞技俱乐部)到哥伦比亚(百万富翁足球俱乐部)。正是他一手造就了乌拉圭国家队的路易斯·苏亚雷斯,并与梅西和内马尔共同构成了让人闻风丧胆的"MSN"。路易斯·苏亚雷斯就是其中的那个"S"。

教练说我们会进行一场小型训练赛,这对于我来说再好不过,因为

---

① 以上三名球员当时都效力于皇家社会,布拉沃当时更是球队的顶级球星,后来转会至巴塞罗那俱乐部和曼彻斯特城俱乐部。

我喜欢比赛。

那天早上哥伦比亚左翼边锋 E. 庄尼坦受伤了，拉萨尔特便让我代替他上场。开赛前，我望向观众席，在人群里面搜寻着埃里克的身影，远远地看到他冲我竖起了大拇指。万事俱备，接下来就看我的表现了……

训练赛结束后，我去预备队员区的更衣室淋浴，然后径直走到埃里克办公室。通常每次比赛后，不管是赢还是输，我们都会看着对方不说话。这次也一样，不过很快我们就相视而笑了，因为今天发生的事情对于他和我来说都有些不可思议。

和往常一样，返回巴约纳的时候已经将近夜里 10 点了。接下来就是按部就班的日程：尽快吃完晚饭，然后去睡觉。不过这个晚上，一个特别的电话打破了我们一成不变的生活。

我们刚刚到达公寓的时候，埃里克的电话响了。这倒没什么好奇怪的，他经常接到法国经纪人的电话，都是向他推荐去皇家社会的球员。不过这次有些不同，他们讲的是西班牙语。慢慢地，我听明白了，是俱乐部打来的。挂断电话后，他微笑着对我说："好消息，明天上午 10 点，你继续和一队一起训练！"

听到这个消息，我高兴得简直要炸开了，满脑子的兴奋劲儿让我忘记了一整天的疲惫。不过为了第二天能以最佳的状态上场，我还是强迫自己赶紧睡觉。

此后，每当有球员受伤或休假未归的时候，我就有机会上场与职业选手们一同训练。当然，这也是因为教练想要为团队注入新鲜的血液。

终于，我的第一场热身赛打响了。我已经忘记了对手是谁，只记得拉萨尔特带着我进入团队。当时，我的脑子里只有一个想法：好好踢球！

上半场坐在替补席上，我暗自揣测着，也许教练已经将队员分为两部分，我一定是被安排在第二部分上场。距离中场休息 10 分钟时，我和其他所有替补队员都离开座位去热身。这个时候，我突然开始觉得压力备增。

裁判吹响了中场哨，首发队员都返回了更衣室。我们还在维护器械，体能教练巴勃罗·巴尔比叫我们所有人去听拉萨尔特的训话。在更衣室的桌子上，我看到了 11 号球衣，上面居然是我的名字！天哪，我将在下半场出场！我简直不敢相信自己的眼睛。我，来自马孔的安东尼·格里兹曼，即将迎来我在皇家社会职业球队的第一场热身赛……

下半场，我打入两球：一个从右路，一个从左路。在更衣室里，不论是队长，还是队员，所有的人都来向我表示祝贺。洗过澡后，体能教练前来安排第二天比赛的上场阵容，他一个个地指着队员们说："你明天 10：00 跟我们一起，你，留下……"轮到我时，他犹豫了一下说："你？等等，我去问一下。"

他出去的这短短的两分钟我仿佛经历了一个世纪，心里像揣着无数个小鼓，忐忑不安地祈祷着："拜托，教练，留下我，留下我……"终于，巴尔比回来了，指着我说："你明天早上 10：00 和我们在一起。"

太棒了！我终于引起了教练的关注，我意识到这对我来说是一次绝佳的机会，我一定要好好表现！

接下来的几场热身赛中，我总共上场五次，打入六球，还有两场梅开二度，这使我成为季前赛的最佳球员。我开始真正地融入球队，感觉越来越好，甚至还拥有了一个职业球员的储物柜。

我很清楚，相对于其他职业，足球更容易让人一夜成名，但同时你也必须付出加倍的努力来证明自己配得上这个位置。如今，我已经跳级了，从青少年队直接进入一线球队，这将是对我的一个严峻考验。

正式亮相西乙联赛

在加纳利群岛①，本赛季联赛正式拉开帷幕。

2009 年 8 月 28 日，在西乙开战第一局对阵拉斯帕尔马斯队的比赛中，我没有上场。所有替补队员都在场上紧张地训练着。训练的时候，我来到球门前，当起了守门员，左右鱼跃扑球，以此来放松自己。我不

---

① 加纳利群岛是西班牙属地，面积 7273 平方千米，行政区划上为西班牙的一个自治区，人口约 209 万。西甲球队拉斯帕尔马斯就位于加纳利群岛上的拉斯帕尔马斯市内。

会因为没有上场而沮丧，我更看重的是如何利用好眼前的时间。

9月2日，我们在国王杯中对战巴列卡诺队，这是另一个来自马德里的西乙球队。坐在替补席上，我仿佛是个享有特权的观众，认真地观看比赛，突然体能教练将一个绿色的马甲扔到我的腿上。我左左右右都看了一遍，才确认他叫的人就是我。

他分发了三个绿色马甲给随时可能被派上场的年轻球员，然后命令我说："来吧，安东尼，快去热身！"

我没有想到这么早就要上场，急忙绑好鞋带，戴好护腿板，跑去热身。热身的时候，我一边盯着比赛，一边还要盯着体能教练和主教练，以便接收到他们的指令。我沿着边线来回跑动，逐渐加速，不久就找到了感觉。我看到拉萨尔特把巴尔比叫了过去，然后巴尔比就宣布第一次换人："格里兹曼，5分钟后你上场。"我瞬间觉得压力好大。

我加快了热身，然后回到替补席上穿好球衣。教练叮嘱我说："放松，就像和你的朋友在街上踢球一样。"第四裁判检查了我的鞋钉和护腿板，然后就让我在线外等着球被踢出来。我足足等了5分钟，这5分钟显得无比漫长。那颗球像是在故意拖延时间一样，在场上悠然自得地跑来跑去。终于，边线哨吹响了，我的职业球赛首秀即将上演。对，就是我，安东尼·格里兹曼，27号。

踏上草坪的那一刹那，我居然听到了观众席上一次小小的欢呼，心里顿时涌过一阵暖流。一个来自俱乐部预备队的毛头小子，今天就要作为一名职业球员在赛场上一展雄风，这是何等的荣耀！

这场比赛中我拿到球的机会并不多，但我第一次体会到了射门时的亢奋。我跳起来用身体压制住对手，用头部接球。当时我在中圈，对方的防守将我团团包围，于是我开始长距离带球突破。观众席上沸腾了起来，在球迷热情的鼓舞中，我感觉自己热血沸腾，甚至忍不住开始颤抖。

面对守门员的时候，我还是感觉到了巨大的压力。我往左侧拉球过大，而且又是孤身一人，尽管如此，我还是把球踢向了球门。不过很可惜，球被门将用脚踢了出去。如果当时能进一个球该有多好，第一场正式比赛就得分，那该是多大的荣耀。最终，那场球我们并没有获得胜利。

四天后，我首次亮相西乙，我在主场迎战穆尔西亚队的最后一刻钟上场，结果0：0打平。接下来的一周，我还曾与塔拉戈纳队对阵。拉萨尔特在最后一分钟让我上场，以此来打乱对方的节奏，从而获得时间，确保胜利。8天后，在阿诺埃塔对阵希洪竞技队的比赛中，教练让我和另一名前锋阿吉雷特塞在下半场上场，我们将比分扳平。

我职业生涯中最重要的时刻是2009年9月27日。那天比赛前我并不知道自己是否会上场，因为教练在我与乔纳森·埃斯特拉达之间犹豫不决。比赛那天，我们主场迎战韦斯卡队。赛前拉萨尔特突然通知我做好准备，他告诉我将第一次作为首发队员出场！

在上场之前，教练不断嘱咐我不要有任何压力，以最放松的状态迎战，就像平时训练一样。这说起来容易做起来难。在西甲的一百多场比赛中，我从未能像其他球员那样放松地睡个午觉，即使是在今天也没有。只要有比赛，午睡就是根本不可能的事情，我更喜欢通过看电视或玩电子游戏来让自己放松。

和队伍一起走上草坪时，我全身紧绷，连走路都觉得无比僵硬。随后，裁判示意开始，随着哨声的响起，我觉得自己像是被彻底解放了一样。刚开始拿到球的时候，我处理得比较谨慎。我掷出了一两个边线球，与队友全力配合，还曾尝试盘球或向前传。

第四十分钟的时候，我在球门区边缘处接到来自米克尔·阿兰布鲁踢出的一记传球。我用左脚控球，然后迅速调整好自己，并在脑子里飞速思考接下来的动作，我提醒自己：不要用右脚。不过最终，我还是在禁区边缘用右脚开出一记弧线球。这一脚我感觉非常好，果然，球进了！

天哪，我该干什么了？当然是庆祝！我不由自主地张开双臂疯跑了起来，一直跑到了观众看台。我亲吻着俱乐部的徽章，忍不住热泪盈眶，大声叫喊，扯着我的球衣，向观众展示：对，我就是格里兹曼！

职业球员格里兹曼从此诞生了！我想起了坐着车从阿诺埃塔球场前经过的那些早晨，想起了我对埃里克的保证："那是我的舞台。我会在这里踢球并且进很多球！"我永远不会忘记那一刻。

比赛最后一分钟，卡洛斯·布埃诺的又一个进球将我们的战果扩大，锁定了胜利。我在这场比赛中的进球让我能够在团队中站稳脚跟，也让我获得了教练的信任。在更衣室里，我尽情享受着胜利的喜悦，接受同伴们真诚的祝贺。大家都为我感到高兴。这个一头金发，腼腆害羞，又总是面带微笑的法国人，已经迫不及待再次上场进球。

成功的第一个赛季

这个赛季的 42 场西乙联赛中，我总共上场 37 次。整个赛季我一共打进 6 球，在球队里仅次于布埃诺，排名第二。皇家社会队也在赛季结束的时候获得了乙级联赛冠军，领先于赫拉克勒斯、莱万特和贝蒂斯。在降级三年后，俱乐部又重新找回了昔日的光荣，紧接着，我也签下了人生中的第一份职业球员合同。

这个赛季，我经历了太多的难忘时刻。还记得 2010 年 1 月，在主场对阵加迪斯队的第 90 分钟进球后，我一头扎进了草坪边缘的积雪堆中……此时，在球场之外，人们已经开始谈论我了，粉丝们开始穿印有我名字的球衣。

不过，在当时我并不知道自己开始受人关注了，我不读报纸，圣塞巴斯蒂安①通过各种方式保护我免受媒体的打扰，我完全生活在一个封闭的虫茧之中。当然，这一切都是为了让我更加专注于足球。

拉萨尔特很了解我，也知道如何"使用"我。有一段时间我状态不

---

① 圣塞巴斯蒂安是皇家社会俱乐部所在的城市。

太好，在训练场上总是昏昏沉沉的，于是，教练就决定不让我在对阵阿尔巴塞特队时上场。

第二天，他把我拉到身边说："你现在完全不在状态，我看不到你进步的欲望。"他跟我说了很多话，让我了解了这个职业容易养成的不良习惯。正是因为他的那番话，如今的我才能不断提醒自己，时刻保持最努力的状态。

此外，我也开始了我的独立生活。我搬出了埃里克家，住进了圣塞巴斯蒂安附近的一套公寓里。这样更方便一些，租金都是由俱乐部来负担。

此前，我还曾住在队友埃米利奥·恩苏埃家里。他曾代表赤道几内亚参加过非洲国家杯的比赛，如今已经去英格兰踢球了。

升入西甲的那一年，埃米利奥从出生地马略卡岛来到了皇家社会。他差不多大我两岁，当时已经结婚，他的妻子还比他略大一些。他们收留了我好几个月，一直无微不至地照顾我。每天，埃米利奥都开车送我去距离他家 10 分钟车程的训练场参加训练。每次在比赛结束后，他还会等着我一起回家。

在他家里，我甚至还拥有自己的房间，可以玩 PlayStation[1]。我感觉自己就像是他们的孩子一样。随后我与另一位差不多大我一岁的队友贾维罗斯共用一套公寓。不过很快，我就觉得有必要自己独住。

---

[1] PlayStation：日本索尼旗下的索尼电脑娱乐 SCEI 发售的家用电视游戏机。

不远处的贝壳湾有绵延超过 1.5 千米的白色沙滩，夏天的时候，我非常享受从比亚里茨的岩石上纵身跃入海里的感觉。我已经可以很好地使用西班牙语进行日常交流了，但巴斯克语还不熟练，起初在更衣室，当他们用巴斯克语谈笑时，我总以为他们是在取笑我。

18 岁时，我拥有了人生中的第一个文身。我一直在寻找一个能真正展现我个性的文身。后来，我的好友卡达穆罗在互联网上找到了一句话"让生活充满梦想，让梦想照进现实"。这句话来自安东尼·圣-埃克苏佩里，我非常喜欢。之所以选择这句话，是因为它非常好地诠释了成功前人们所必须经历的一切苦难和困惑。这就是我最真实的生活写照，我一直用这句格言鞭策自己。

文身里还有我母亲经常提到的圣母玛利亚像。我母亲是一个虔诚的天主教徒，受她的影响，我从小就接受了她的宗教信仰。每当她去教堂点蜡烛时，我都会陪她一同前往。当我在皇家社会青年队渴望成为一名职业球员或者在生活中遇到困难的时候，我都会像母亲一样去教堂里虔诚地点燃蜡烛。

2015 年 6 月，去巴黎庆祝弟弟德欧获得学位时，我和艾瑞卡一起去了圣心大教堂。我在登记册上写下了自己的心愿，祈求上帝保佑家人健康，并感谢他将艾瑞卡赐予我的生命之中。

虽然我并不会每天都祈祷，但比赛的前一天我一定会虔诚地向上帝祷告。足球赛场的更衣室里汇集了来自世界各地的球员，自然也包括他们各自不同的信仰。

在法国队的时候，我通常都待在自己的更衣间里，当然，还有我的 Xbox[①]。当我敲保罗·博格巴的门的时候，如果他不应答，那我一定会安静地走开，因为我知道，他一定是在做祷告，平时看到他拿出地毯时也一样。

我很喜欢观察，比较每个人的不同之处，并尊重他们各自的信仰。请朋友们来我家烧烤的时候，我一定会注意是否有穆斯林，并选择合适的肉。

没有比足球更能将全世界融合为一的体育赛事了，每一次出行都让我们有很多不同的感受。在世界各地参加球赛使我们有机会接触不同的文化，例如，在俄罗斯，可口可乐与众不同；在西班牙，碎牛肉的味道独具特色；不过我最怀念的还是法国的味道！特别是马孔的小牛排。

再说回到文身，在圣母玛利亚之后，我又文上了主宰里约的救世主基督——这是在我去巴西之前的事了，那时我并不知道自己会去踢世界杯……此外，还有我父母名字的首字母以及锚、云朵和念珠。我还在手指上文了"希望"的英文字母。为了能够文身，我之前一直企盼着自己快快成年，如今终于如愿以偿了。

对于文身，我的父母没有试图劝阻我，尤其是母亲，因为她自己也有文身。在她的右后肩上，起初她文了我父亲的中国生肖，两年前她用

----

① Xbox 是由美国微软公司开发并发售的一款家用电视游戏机。游戏机第一款发售于 2001 年，现在已经更新换代到第三代，在全球拥有广泛的粉丝。

我们的名字和她的结婚日期将它遮盖住了。莫德也有文身，我不知道将来德奥会不会也这么做。

我一直请同一个文身师来为我文身，他住在圣塞巴斯蒂安。如果我没时间去找他，我就会请他来找我，我的胳膊还有一小片空间等着他来创作呢！

作为职业球员的生活

购买第一辆车时，我甚至还没有拿到驾驶执照。在拿到驾照前，都是队友埃鲁斯通多帮我开车，对此我很过意不去。于是我准备去考驾照，我是考了三次才拿到驾照的。我在考试这方面真的不擅长，就像上学时那样。

在学习驾驶十个月之后，我终于拿到驾照可以自己开车上路了。我的第一辆车是一辆蓝色的尚酷 R（Scirocco R），在购买这款动力强大的大众轿跑之前，我告诉了我的父母。

我不会去任意挥霍钱财，我希望人们还能把我视为一个普通人。即使出了名，我依然是和大家一样过着普通家庭生活的平凡的人。每当我投资一些大的东西时，我都会征求父母的意见，包括今天也是。

后来我换成了黑色的路虎揽胜，不过只开了一年就送给了我父亲，之后还开过两年玛莎拉蒂 GT。现在除了开俱乐部的 4×4 之外，我自己还拥有两辆爱车：白色的劳斯莱斯和白色的迈凯伦 675LT。

我在这款稀有的白色迈凯伦和一辆美国老款车之间犹豫了好几个月，还去征求了艾瑞卡和我父亲的意见。他们都认为只要我喜欢就好。于是 2016 年底，我为自己购买了这款车作为那个赛季给自己的奖励。虽然买了这款车，但我也不喜欢到处炫耀，而是尽量保持低调。在马德里，我基本不开着它出门，除非是去训练。

不过这些都是后来的事情，当时，我非常爱惜我的尚酷 R，就算去赛车我也尽量对它保持温柔。我清楚地记得艾瑞卡第一次坐上我的车的样子，她很喜欢这辆车，还跟我一直聊它。

艾瑞卡，她是我的"老板"，我管她叫"老板娘"（jefa）！在家里，她负责从装修到房间布局的一切。她是这个屋子的女主人，她知道我的文件、合同，以及我所有的东西都放在哪里。而我只负责烧烤，我喜欢烧烤，为此我还在露台上安装了一个烧烤架。

和艾瑞卡在一起后，我感觉自己变成了另外一个人，一个更好的男人和一个更好的足球运动员。她是我不断前进的动力，是我的幸运女神，是她让我不断进步，不只是在球场上，也包括在生活中。和艾瑞卡生活在一起，我感觉无比幸福。

从艾瑞卡住到我的公寓里起，我就知道总会有一个人在家里等着我。每次比赛结束，我都迫不及待地想回到她的身边。更自私一点说，多亏了她，我不用再一个人混迹餐馆或是吃那些速冻食品了！

我还记得遇见她的时候是一个夏天。当时我还在踢西乙联赛，每次上午的训练结束后，我都会去食堂吃饭，当时那里也接待大学生。那时已经获得了教育学学位的艾瑞卡正在攻读儿童心理学学位，并准备去马德里继续进修室内装饰的硕士学位。

在食堂里，我遇到了下课后前来用餐的艾瑞卡，我第一眼看到她就被她深深地吸引了，就像是被闪电击中一样，我的视线再也无法从她身上移开，这就是人们说的一见钟情吧。

我问我的伙伴们是否认识她。有人对我说，这个和我年龄相仿的西班牙女孩叫艾瑞卡·查博蕾娜，正在这里学习。她寄宿在学校，每天中午和晚上都会来食堂吃饭。差不多有一年半的时间，我都这样默默地关注着她，有时我会故意靠近，企图吸引她的注意，甚至还给她发过信息，但都以失败告终。

功夫不负有心人，终于在 2011 年 12 月 27 日，我成功地邀请到了她，从此我们就再也没有分开过。我们计划明年 5 月 [①] 在马德里举行婚礼，也许是 6 月……这取决于马竞是否能进入欧冠决赛。

和艾瑞卡在一起的感觉非常好，我们一起沉默，一起欢笑，生活无比恬静祥和。她总是全力以赴地支持我。和我一样，她没事的时候也喜欢安安静静地待在家里。我平时不太爱说话，也不善于表达自己的情感，

---

① 最终两人于 2017 年 6 月 16 日完婚。

她的出现让我有了安全感。如果说我在赛场上的表现越来越好，那这些进步都要归功于艾瑞卡。有了她，我才能什么都不考虑，一心一意地专注于我的足球。我在卡尔德隆球场①的每一场比赛她几乎都来看，她知道我喜欢她在场。热身的时候，我还会跟她打招呼。

现在，她经营着一个名为"Cordialmente Erika"的时尚博客，她喜欢在上面张贴她的照片、时尚小贴士和烹饪食谱。因为我的缘故，常常有人去她的博客上留言，大都是赞赏鼓励的话语，但偶尔也会有一些不好的言论。我和她都是沉默的人，我们不喜欢回应别人，因此考虑再三，她还是在一年后注销了她的博客。

我与她的父母相处得也很好，他们总是为我着想，为了能够和我的家人交流，他们甚至还决定去学习法语，艾瑞卡也是，也许这就是爱的证明吧！如今，艾瑞卡的父母仍住在距离法国边境不远的巴斯克地区。

① 卡尔德隆球场是马德里竞技队的主场，位于西班牙的马德里。可以容纳54207人，并在2004年被欧足联评为五星级足球场。

第六章

就要像贝克汉姆一样踢球

偶像的号码

我不知道我是否有一天会穿上曼联①的球衣，不过我知道曼联历史上那些最成功的球员差不多都是7号：乔治·贝斯特、布莱恩·罗布森、埃里克·坎通纳②、C罗、大卫·贝克汉姆。在红魔的这五大神将中，我最崇拜的就是他们的金发领袖。

曼彻斯特造就了他的魔术左脚③，在这里他毫不客气地将无数奖杯收入囊中，包括欧洲冠军联赛、两次足总杯和六次英超冠军奖杯。他是英格兰队的队长，曾代表英格兰队出场115次。此外，这位"辣哥"还

---

① 曼彻斯特联队，英格兰足球俱乐部，欧洲最成功的足球俱乐部之一，共获得3次欧洲俱乐部最高荣誉。

② 乔治·贝斯特、布莱恩·罗布森和埃里克·坎通纳都是曼联历史上著名的7号球员。贝斯特是北爱尔兰人，曾经入选 FIFA 名人堂，并被英格兰业内评为英格兰历史最佳运动员，于 2005 年过世。罗布森是英格兰人，曾打破英国转会纪录，现为曼联全球形象大使。坎通纳是法国人，曾任曼联队长，以球技精湛和脾气火暴著称。

③ 贝克汉姆的职业生涯中主要担任右中场和右边前卫，技术特点也以右脚任意球和精准的长传最为著名，因此此处应该是法文版误录。

曾效力过皇马、洛杉矶银河、AC 米兰和巴黎圣日耳曼。在我心目中，这位中场大师才是真正的足坛巨星。

他就是大卫·贝克汉姆，我最喜欢的足球运动员，我一直以来的榜样。

贝克汉姆英俊的外表和谦逊的态度使他成了时尚界和广告界的宠儿。虽然今天阿森纳①的核心球员——来自德国的梅苏特·厄齐尔②也能带给我们无与伦比的视觉享受，但贝克汉姆依然是唯一一个我非常想与之一起踢球的人。

不论是在场上还是场下，我都觉得这个英国人堪称完美，他举手投足间都散发着无穷的魅力，让人为之倾倒。

要说足球世界里最善于经营个人形象的球星，那一定非他莫属，赛场上和生活中的他总是衣着整洁，优雅无比。我多希望自己能像他那样场上场下都如此游刃有余，不仅获奖无数，而且享誉全球。

与他出神入化的脚法一样，贝克汉姆的商业品牌价值也非同凡响，无论出现在世界的哪一个角落，他都会让人为之疯狂。相信我见到他时也一样。我的英语不怎么好，不过既然他在皇马打过四个赛季，那他的西班牙语应该不错，所以我应该能够与他交谈。如果将来某天能认识他，甚至和他一起拍个广告，那对我来说将再好不过了。

① 阿森纳队，英格兰足球俱乐部，英国最重要的俱乐部之一，长期处于英格兰顶级联赛争冠行列。
② 厄齐尔，德国土耳其裔足球运动员，位置是中前场，曾效力于沙尔克04、云达不来梅和皇家马德里，现效力于英超阿森纳队。

贝克汉姆绝对称得上是足坛男神，他虽然平时看起来酷酷的，但没有任何明星的架子。凯文·加梅罗曾在巴黎和他一起踢过球，凯文说贝克汉姆经常和球员们一起去烧烤，待人十分谦逊随和。

在马竞和法国队，我都穿 7 号球衣，为的就是向贝克汉姆致敬。踢球的时候我总是穿长袖，那也是为了看起来像他，而且我也觉得这样很别致。

在皇家社会队被选中去打西乙时，负责人问我想要穿什么号码的球衣，我回答说 71 号，那是索恩－卢瓦尔省的编号，马孔就是这个省的首府。在西班牙，没有获得职业资质的编外球员就只能穿 25 号以后的球衣，可 71 这个数字还是太大了。于是，他为我列出了所有可用的号码。我很快就注意到了 27 号，因为这个数字里有 7。是的，就是贝克汉姆的 7 号。

后来，当皇家社会队重回西甲时，我便成了 7 号球衣的拥有者，并且一直保持到最后。

转会到马竞队后，我再次提出了申请，好在马竞队的 7 号刚好空着，于是我便有幸再次将它穿在了身上。7 就是我的幸运数字，它为我带来无尽的可能。

在法国队，我起初穿的是 11 号球衣，7 号是弗兰克·里贝里，我曾与他在第一次选拔赛时有过一面之交。后来因为腰疾复发，里贝里最终不得不放弃巴西世界杯，于是我冒昧地给他发了一条短信，想征求他的同意将 7 号让给我。我也向法国队的主管说了这件事，并最终得到了主教练迪迪埃·德尚的同意。

当时，约翰·卡巴耶也对 7 号很感兴趣，但他最终让给了我。

上个赛季，马竞成为世界上球衣销量最高的十大俱乐部之一。甚至在冠军联赛决赛之前，我们全队的球衣就已售出近 200 万件了。而印着我名字的球衣在俱乐部里销量排在第一位[1]，我不会用这些数据来衡量什么，但当我看到观众席上越来越多的人选择把我的名字穿在身上时，心里还是美滋滋的。

让更多的人穿上我的球衣似乎成了我的某种野心，当我看到孩子们穿着费尔南多·托雷斯或科克的球衣时，我就会对自己说："我一定要在赛场上更好地展现自己，让他们心甘情愿地换上我的球衣！"

在马孔我父母的家里，我也保留了一些有特殊意义的球衣。例如，2014 年世界杯期间我穿过的战袍，第一次在马竞队登场时的球衣，皇家社会队重返甲级联赛时的球衣，还有冠军联赛预赛中对阵里昂队进球时穿的那件球衣。

从世界杯我还带回了马尔科·罗伊斯的球衣[2]，那场比赛中我们 0 : 1 负于德国队。虽然马尔科·罗伊斯因伤没能上场，但他还是同我交换了球衣。

---

[1] 根据权威网站 Euromericas Sport Marketing（欧美体育市场）的统计，2015-2016 赛季总共卖出 490900 件印有格里兹曼名字的球衣。

[2] 在足球比赛中，双方球员在比赛之后交换球衣被认为是一种礼节性的行为。尤其是在重大比赛中，交换过来的球衣往往被球员和俱乐部或国家队收藏，作为个人或球队历史的一部分展示。

2016 年欧洲杯决赛中，我没有和任何人交换球衣，因为实在是没有心情。

我收藏的大部分球衣都被仔细地装裱起来，放在一个专门的房间里。或许若干年后，在我结束职业生涯时，这里可以变成一个小型博物馆。不过我还有个愿望没有完成，那就是我希望能收藏到贝克汉姆的球衣！

2012 年伦敦奥运会的开幕式上，贝克汉姆乘坐快艇从泰晤士河出发护送圣火去赛场，他穿着无可挑剔的服装，发型一丝不乱，他标志性的笑容在黑夜里熠熠发光，这一幕我至今难忘。

像贝克汉姆一样，我也喜欢不断改变自己的发型，这也像是一种个性签名。我尝试过很多发型，从鸡冠头到帕维尔·内德维德的金色长发。

16 岁时，有一次回马孔休息两天后，我扎着一头脏辫来机场和伙伴们会合。看到我紧紧贴着头皮的一头辫子，埃里克忍不住笑了，然后警告我说："皇家社会不会喜欢的！"

他说得没错，没过多久，在一场与美国的友谊赛前，教练就要求我换发型。"你不能留这个发型，这样不利于我们俱乐部的形象。"教练说。虽然我实在不明白这个发型为什么不利于俱乐部的形象，但我还是照做了，我又把头发剪回了原来的样子。

我并不会为这样的事感到难为情，也不觉得有什么好后悔的，就像文身一样，我会遵循内心的冲动，去做我想做的事情，并承担一切后果。当然，在做这件事之前我也一定会认真考虑，但只要想好了就绝不再犹豫。

不论是在赛场上还是生活中，贝克汉姆总是保持着他迷人的微笑。这一点，我没有刻意去模仿他，因为我本身就和他一样。足球运动员是我的职业，但它也是我的兴趣所在，我所做的一切努力都源自我的爱好，因此我的生活中充满欢乐，更何况微笑是再容易不过的事情。因为爱笑，我还被评为最理想女婿，这真的很有趣。

另一方面，我完全不明白为什么会有人认为我是"反向本泽马"①，这真是让我很苦恼。不过似乎只有在法国，人们才有这样的议论。其实人们并不真正了解卡里姆，但他依旧是一名伟大的球员，并且与法国队一直相处得很好。

微笑是一种力量

对我来说，微笑也是一种力量。

每一张合影我都会认真对待，尽量表现得优雅、得体。即使心情很

---

① 法国球员本泽马虽然球技精湛，但性格较常人来说有些沉闷、阴郁，因此不受法国球迷和媒体的喜爱。相比之下，性格阳光温和，并总是带着一脸笑容的格里兹曼则成为球迷和媒体标榜的对象。

糟，我也会努力保持微笑，只有这样才能让索求合影的人开心。使人快乐本来就是我们的职责之一。此外，足球场上大都缺乏笑容。球员们总是太过紧张，一脸严肃，也许是因为太在意输赢，但这不应该成为阻挡快乐的原因。在 NBA 的比赛中，球员们总喜欢在赛前相互嘲笑以博一乐，但这并不妨碍他们在赛场上奋力拼杀。

也许是和性格有关吧！我比较喜欢轻松愉悦的氛围，虽然平时我看起来很乖，面对话筒时也是满脸羞涩，但实际上我常常会开一些无厘头的玩笑。

保罗·博格巴就曾经揭发过我①。在法国队，尤其是在公众面前，我们的一举一动都会受到关注，任何一个玩笑都可能变得无比敏感，所以在克莱枫丹②，我们必须时时刻刻注意自己的言行，以免媒体或粉丝想太多。在法国的时候，我多希望能避开人群的关注，去餐馆吃一顿饭，或者看一次电影，去一次剧院。

2015 年 6 月，在对阵比利时队和阿尔巴尼亚队的两场比赛之前，我们大家一起去加梅勒③喜剧俱乐部观看了一场演出。我终于能开怀大

① 在 2016 年 5 月的 *So Foot* 杂志中，博格巴提到格里兹曼时说："有一件事我们必须清楚，你们在镜头前看到的那个人并不是真实的他，事实上，他比你们想象的疯狂得多！他喜欢非洲音乐、爱跳舞、酷爱雷击顿，他就是格祖！"
② 克莱枫丹是法国巴黎郊区西南 50 千米处的一个小镇，这里有法国国家队的训练基地。
③ 加梅勒·杜布兹(Jamel Debbouze)，法国喜剧明星，被称为"法国最滑稽的人"。

笑了，我们每个人都度过了一段非常愉快的时光，只可惜这样的机会并不是很多。虽然很想出去，但我从来没向教练提过类似的要求。在这支队伍里，我本来就很少表达自己。

因为身份特殊，我们有很多限制。为了能够完全专注于足球，我们基本上过着与世隔绝的生活，像个隐士一般，除了踢球、训练，大部分时间都在自己的房间度过，这让我们早就厌烦了这个"城堡"里的生活。

一个星期天，我去了万森纳赛马场，随后又前往雅高体育场（前身为贝尔西体育场）观看手球世界锦标赛的决赛。除了足球，我也会关注其他体育项目，因为我不希望自己完全封闭在足球的世界里。

在马竞，我们会去医院为孩子们送礼物，我还曾在俱乐部的一个学院庆祝中国农历新年。我知道中国万达集团拥有俱乐部 20% 的股份。[①]

我喜欢一切顺其自然，但该抱怨的时候我也会抱怨。

2016 年 6 月 13 日，也就是欧洲杯首战对阵罗马尼亚队的两天后，《队报》[②]头版刊登了一篇名为《格里兹曼的焦虑》的报道。文章对我进行了严厉的批评，并认为法国队应该寻找其他的进攻解决方案。

仅仅通过一场比赛就对我做出如此评判，我认为非常不公平，我和我的父母都受到了严重的伤害。刚刚输掉的欧冠决赛，于我已是一次巨

---

① 2015 年，万达集团曾经投资 4500 万欧元购买马竞 17% 的股份，但三年之后，万达又将股权以 5000 万欧元的价格抛出。

② 《队报》（法语原文：L'Équipe），是一份法国知名的体育报纸。

大的打击，我实在不需要再以这样的方式上头条了。

事后我还曾联系过文章的作者，告诉他这篇文章给我造成了多大的困扰。

三个月后，依然是这份报纸的头版，一篇《为格里兹曼投票》的文章赫然入目，说的是金球奖的评选。对此我深受感动，并私信他们以表达我的感激之情。我感受到了来自整个国家的支持，并下定决心加倍努力，用更好的成绩来回报他们的厚爱。

在这篇文章的鼓舞下，法国媒体终于对我们重拾信心。在其他国家，媒体总会不遗余力地支持自己的国家队，可在法国，媒体的作用更像是来给我们挑刺的，就好像任何成就都不能让他们满意。

2016 年 10 月，迎战荷兰队，保罗·博格巴大力射门，打入了本场唯一的进球。虽然我在这次比赛中没有什么突出的表现，但我依然为保罗兴奋不已。

我对着麦克风大喊："明天，他一定要成为头版新闻，这将对他意义非凡。"我希望他能得到媒体的支持。刚到曼联的保罗一直被负面报道困扰着，我们必须互相帮助。无论如何，我都会保持积极乐观的心态，就像贝克汉姆一样。

第七章

我的家庭：

家人是我最强的支持

我的姐姐和弟弟

如果我说与家人之间一直保持着亲密无间的关系，这听起来似乎是一种客套的说辞，但事实上，我们格里兹曼一家人就是这样。虽然我在十三四岁的时候就离开了家，但这并不影响我与家人的关系。

为了实现我的足球梦想，我不得不在很小的时候就离开家人，但这不但没有让我疏远了自己的家人，反而使他们在我的心中变得更为重要了。在西班牙皇家社会俱乐部的前几年，每次离开马孔返回巴约纳的时候，我都非常难过。我多想和家人一直待在一起，可这件在别人那里再简单不过的事情，唯独对我来说却是那么难。

我的家人也不得不承受着同样的痛苦，弟弟德欧小我 5 岁，他的哥哥却不能天天陪伴着他！我离开家的时候他还不到 10 岁。我们的姐姐莫德，比德欧大 8 岁，不久后也离开家去里昂上学了。

德欧，我叫他"El Loco"，就是"淘气鬼"的意思。我离家太早，陪伴他的时间少得可怜，所以他只是把我视作他的大哥哥而已。我很希望能履行一个哥哥的职责，尝试给他一些建议，但他只是偶尔会听。我们也难免因为一些小事争吵，但是我仍然非常爱他。

小时候，我经常跟他一起在车库里玩儿，我们会在地上铺一条绿色的毯子当作球场，用一个可以自动张开的帐篷当球门。我们还有一个小小的"世界杯"足球，游戏就这样开始了……我们能开心地玩上好几个小时，如果时间允许，我们就会来一场室外比赛。

德欧在马孔的一所工商管理学校攻读高级技术文凭，即便我没有为他树立一个好的榜样，他学习也非常刻苦。20岁的时候，他就拥有了成为一名企业家的能力：他创办了运动成衣品牌"GZ Brand"。我是这个品牌的形象大使，但投资和创意由他全权负责。德欧独自开辟了一条属于自己的道路，但如果他需要帮助，我将一直在他的身边。

他放假的时候，我就会把他接到马德里，有他在我总是无比开心。我们一起玩游戏机，在我家的篮球场打球，互相挑战。有时他会跟我索要那些他喜欢的足球运动员的球衣，我曾给他带回了他非常崇拜的范佩西的球衣，还有梅西的，如今他的收藏已经很像模像样了。

我还有莱万多夫斯基、罗纳尔多、内马尔、伊涅斯塔、法尔考和德罗巴的球衣。在乌拉圭选拔赛上，我还让迭戈帮我要到了他的队友埃丁森·卡瓦尼的球衣。因为德欧是我弟弟，所以无论他想要哪一件，我都会给他。

我的姐姐莫德，也是我生命中最重要的人之一。她是我们的榜样，她在里昂获得了旅游专业大专文凭，在巴黎获得了旅游营销学学士文凭，还获得了图农大学公关学学士学位。

我们相差3岁，在我离开家之前我俩一直睡在同一间屋子里，但没几年就分开了。[1] 后来我回马孔的时候她也常常不在，所以我们只有在暑假的时候才能相见，但通常也只有两三周的时间，还没有好好相处就又各奔东西了，因此姐姐于我而言总还是有一点陌生。不过现在她经常在我身边，并且给予了我很多帮助，我非常需要她。

我让她帮忙处理与媒体之间的公关问题。为了胜任这份工作，她还专门去记者培训中心参加了培训。此外，她也帮忙安排我的日程，所以我们随时都保持着联系。虽然她住在巴黎，但是每隔两周她就会来马德里找我，组织记者招待会，或是出席一些拍摄活动，因此我能经常看见她。

我非常钦佩姐姐，钦佩她的原因有很多。

有一个周日，我来到巴黎的运河足球俱乐部录制节目。莫德陪我录完节目后问我，是愿意让她给我在酒店订个房间，还是去她家住，她家就在二十区。我笑着说："你可真有意思，我当然要住你家啊，这样还能看看你家什么样子！"下了出租车，我们开始一起爬楼梯，因为她住的地方没有电梯。等我们爬到六楼的时候，我已经有些气喘吁吁了。

走进她家，首先看到的是客厅，然后是一间小小的厨房，一间不大的浴室，里边有浴缸、洗衣机和马桶，再有就是一间卧室，可以说这是一套典型的斯巴达式[2] 住所。

看到这些，我心里不由得想："我的姐姐啊，你明明有一个当职业

---

[1] 在西方国家的普通家庭里，在孩子很小的时候，让姐弟、兄妹住在一间房间中的上下铺位是很正常的。

[2] 借用斯巴达式来表示条件非常艰苦。

球员的弟弟，可你却还住在这样小的一间公寓里。即便如此，你也从来没向我要求过什么。你总是傻傻地笑着，满脸幸福的样子，我真为有你这样的姐姐感到骄傲。"第二天，我离开她家，回到了克莱枫丹的法国队，还把这些想法都写给了她。

我很高兴她能为我工作，从某种角度上讲，我们仿佛找回了幼年时光。假期去纽约的时候，她也跟我们一同前往，只要有她在，我就会很放心。

我完全相信她能够处理好和记者们之间的关系，她会为我筛选出必要的会谈，给我提出建议。她非常了解我，清楚我何时需要休息。她只需要看我一眼就能猜出来我是不是累了，应该何时结束会谈。她还经常和记者们一起吃饭，互相问候寒暄。我觉得其实她并不一定要和记者们走得那么近，但为了我，她会尽一切努力。

莫德很有个性，一向比较独立。她很有主见，经常到处旅游。现在，我还没想好退役后的生活，尽管我还有大把时间去想这个问题，但无论如何我都希望她能待在我身边。

我的父亲和母亲

我的母亲叫伊莎贝尔，我管她叫"Ouzbelle"（乌兹贝尔）。在家里，母亲的地位很高。

我非常感谢母亲为了让我能够实现梦想，至少是尝试追逐梦想而付出的所有努力。当我离开家去西班牙皇家社会足球俱乐部的时候，没有人知道我是否有一天能成为一名真正的职业球员。我母亲和父亲不知道，当然，就连我自己也不知道。当时可谓是前途一片渺茫，然而我的母亲一直在支持着我。

我很清楚，每次送我离开家的时候，我的父母心里有多么难过。尤其是我的母亲，她心里承受着太多的离别之苦。我的成功也归功于她，有了她的支持，才成就了今天的我。我将永远感激她！

我一直都记得在家里与母亲一起谈心的那些时刻，我告诉她自己是怎么打算的，以及在西班牙如何生活。那个时候，每次经由巴约纳返回皇家社会的前一天，我都会去和我的朋友们踢一会儿球，然后在下午5点之前回来。这个时候，母亲已经为我准备好了香甜的可丽饼①，从不例外！

我洗澡的时候，她就会来到浴缸边和我说说话，可每次说着说着我们就都忍不住哭了出来，想要擦干泪水彼此安慰，眼泪却不争气地再次涌出眼眶。这一时刻对我俩来说是那么煎熬……一起哭一场倒还好受些。

有时我父亲想安慰我们一下，但是他不能进浴室，因为这是属于我和母亲两个人的时间。他只能徒然地站在门后问我们"你们怎么样了，

---

① 可丽饼，一种比薄烤饼更薄的煎饼，法国布列塔尼地区的传统食物。

还好吗"，然后再默默走开。

我的父亲阿兰是一家之主，他事事操心，照顾着家人，保护着我，还为我退役后的生活做着打算。是他让我发现了足球的奥妙，并且爱上了足球，当他答应让我加入皇家社会足球俱乐部的时候，马孔的很多人都觉得他疯了。我知道大家都在想："你怎么能把这么小的孩子送到国外呢？为了足球居然让他这么早就离开家，离开父母！太不可思议了。"大家总是这样在背后议论他。其实，在某种程度上来讲，当年是我坚持要离开的。如今，那些曾经批评过他的人都来为我的成功而向他表示祝贺。

我父亲很少表述自己，这点我很像他。我有时可能还会说出来一些，但是他永远都是那么平静，令人猜不透。

不过，父亲高兴和自豪的时候我还是能看出来的。有一次我们在慕尼黑的欧冠半决赛对战拜仁慕尼黑，虽然以 1 ∶ 2 输给了对方，但还是有幸晋级决赛。① 在安联竞技场上，我为我们队打入了唯一的一个球，由于之前我们已经以 1 ∶ 0 取胜，所以这一球足以使我们晋级。终场哨声一响起，全体队员和工作人员都涌上球场庆祝，而那个时候，我最希望的是能够拥抱我的父亲，和他一起分享胜利的喜悦。

终于，我在看台上的茫茫人海中找到了他，便朝他飞奔过去，然后

---

① 欧洲冠军联赛进入淘汰赛阶段，需要进行两回合主客场比赛。当双方总比分战平时，客场进球多的队伍将胜出。此前，格里兹曼所在的马德里竞技队在主场1 ∶ 0战胜了拜仁慕尼黑，所以到客场虽然1 ∶ 2失利，却仍然以拥有一个客场进球的优势胜出。

紧紧地拥抱在一起。他大声喊道："太棒了！你们进决赛了！我的儿子，你太棒啦！"这样的时刻弥足珍贵，我也很少如此激动。

不过，我奉劝各位千万不要和我的父亲一起在赛场上或者是在电视机前看我的比赛，你一定受不了他。每到关键时刻，他都紧张得像是他自己在踢球一样，看球的时候，他会变得暴躁易怒、神经兮兮，并且随口就骂！

"安东尼，你怎么就错过这次传球了呢？踢啊！干吗传给别人？他怎么不传给安东尼呢？带球直闯啊……"这也是在我家最常听到的我父母的对话。

这些都是德欧讲给我的，他甚至还会偷偷地录下来给我看。我从未想到我的父亲还有如此火暴的时候！父亲有时甚至还会为了我的某个进球喜极而泣，和他平时的样子简直判若两人，真的让人捉摸不透。

父亲总是站在我的立场考虑问题，这也就是他总能与我心有灵犀的原因。他不会错过我的任何一场比赛，总是一秒不差地坚持一个人看完。

当然，我的母亲也知道我在比赛，但是她不会看，因为她实在难以承受这份惊心动魄。通常她会选择去做饭或者看书，当听到我进球的时候就会立马跑到电视机前。对她来说，相较于比赛的输赢而言，更重要的是我毫发无伤。

每场球结束后，我父亲都会给我发一则消息，内容大致是"你踢得很棒，我为你感到骄傲"，或者是"今天我没觉得你哪儿踢得好"。他会告诉我他是怎么想的，感受如何，而不是只说一些我乐意听的。

我的家庭生活

我和父母一直相处得很好，虽然有时也会有一些小摩擦，但这是家家户户都会遇到的。当然，生活并不总是一帆风顺，这些小的磕磕绊绊有时也会影响到我的精神状态。

这一赛季我就经历了这样的事：2016 年年末，我经历了一段黑暗的时光，找不到前进的方向。圣诞节前夕，我开始为这个短短的假期做准备。这是我和我的小公主米娅一起过的第一个圣诞节，我打算先和艾瑞卡一起去美国，然后再带全家人去山区度假，确切地说，是到上萨瓦省的梅吉夫镇。我打算在那儿租一套漂亮的小木屋，每天安排各种活动，直到 12 月 28 日归队。

这几年来，我母亲每年圣诞节都会组织家庭聚餐，还会叫来一些亲戚。一家人聚在一起通常就是吃饭、喝酒、聊天，然后再吃饭，简单来说就是长肉！

12 月初，她来马德里看我们。有一天，她问起了我们婚礼列席人员名单的事。我太了解她了，知道她一问起来就没个完，所以干脆跟她说："就看艾瑞卡什么时候把名单准备好吧。"但她还是坚持要了解来宾都有谁，尤其想知道是否邀请了那些她想见到的人。

我很小就离开了家，迫于诸多原因，跟家里人的联系不是很频繁，就更别说我母亲的朋友们，甚至是叔叔伯伯、表兄妹们了。我和他们距离太远了，有的人根本无法保持联系。我知道跟我母亲解释这些也是白费力气，还会让她不高兴，索性就想转移话题，讨论一些关于圣诞节的事。

当我兴致勃勃地把自己的绝妙计划告诉她、莫德和艾瑞卡时，我敢保证我从头到尾都在讲这个安排有多棒，并满怀希望地等着大家的赞赏，可我的母亲却好像丝毫不感兴趣。我知道她肯定还在想婚礼来宾名单的事，于是我刚才的那股兴奋劲儿一下子烟消云散了，甚至失望透顶。随后我就愤愤地去了酒店，脑子里反复回想着这件事。

第二天，我们在卡尔德隆球场对战皇家西班牙人。之前的五场比赛中，我们已经输了三场，只有这一场获胜才能保证不被淘汰。可惜的是，整场比赛没有人得分。

其实我本来有机会进球的，阿根廷中场球员尼古拉斯·盖坦给了我一记漂亮的传球。当时只有我在离球门 5 米远的地方，可我那一球射得非常糟糕，守门员毫不费力就把球拦了下来。

这就是为什么教练常说踢球的时候一定要带着脑子。两个月以来我都没有进球，早该振作起来了。或许那天如果我能在母亲脸上看到那么一丝喜悦，或者她跟我说"你的婚礼来宾名单没什么问题"，那我当时那一球就可能射中了。

我不是在为自己的失败找借口，也不是说我在面对迭戈·洛佩斯时失利就是因为母亲这件事。我只想说，这次失败让我真正意识到只有场下保持心情愉快，场上才能有更好的发挥。

不过大家请放心，我们那次度假还是很愉快的。当我状态不是很好，或者身心俱疲时，单是"假期"这个词就足以让我开心起来了。休假的时候，赞助商和射门的压力就通通消失了。我需要适时远离足球，放空一下自己，只有每天都见到我的艾瑞卡能真正理解这一点。

假期中的我不同于平常，我会做一些自己想做的事情，比如散散步，去餐厅吃饭，去剧院，去参观等。而赛季中，我几乎从来都不出门，不去城里吃饭，也不会去到处溜达。甚至除了遛狗之外，我都不会出我家的大门。

相比于出去逛街，我更愿意待在家里，好好休息，看看电视，和我女儿一起玩。有时，我也挺想做点儿什么，但是我的腿、我的身体还有我的大脑都不允许！每隔三天一次的比赛也实在很耗人精力。

此外，不论是在国内，还是在国外比赛，比赛的前一天，我们都需要提前住在酒店里。所以只要我回到家，我就只有一个想法，那就是安安静静地待着，好好享受与家人共度的每一秒。

12月的假期终于到了，我和艾瑞卡先去了美国，在那里我们度过了三天没有人打扰的二人世界。在那之后，我们去梅吉夫和米娅相聚。

木屋、烟囱、马黛茶，还有我可爱的家人，这就是我女儿的第一个圣诞节，如此温馨惬意，还需要什么呢？

这句话也让我想起了自己的童年，特别是玩《妙探寻凶》[①]的那些疯狂的时刻。我想即使我不告诉大家经常是谁最先找出杀害勒努瓦博士的凶手，大家也一定猜得出来吧，当然是我喽！

25号早晨，我们一起来拆圣诞礼物。米娅真的是最受宠的一个，她收到了各种玩具和法语歌曲的唱片，这真好！因为在家里一般放的都是西班牙语的音乐。

第二天，我们一同登高赏雪。俱乐部合同里规定我不能滑雪[②]，于是我带着家人一起去乘坐雪橇。我们还在树林里跳蒂罗尔舞，不时发出阵阵欢笑。弟弟德欧帮我们准备好了香醇的马黛茶，一家人坐在一起，一边品茶，一边聊天，无比温馨。

28号，也就是去纽约的一周后，我就得回马德里继续训练了。我和艾瑞卡、米娅先把父母送去了机场。因为没考虑到行李的问题，我们全家只能挤在一辆车里。

这一次，分开的时候我们都没哭。当然，跟父母告别我还是难免有些难过，但与以往不同的是，如今的我也有了自己的小家庭，她们时时

---

① 《妙探寻凶》：英文原名 Clue，是一款图版游戏。大厦的主人勒努瓦博士（英文版是 Mr. Black）被发现遭人杀害。玩家均是嫌疑犯，最先找出凶手、凶器及行凶房间的玩家可胜出。

② 足球俱乐部是商业机构，因此从俱乐部的角度讲，球员是他们的重要财产，尤其是核心球员，因此很多俱乐部都会在合同内限定球员的行为，一方面避免球员受伤，另一方面避免球员给俱乐部的名誉造成不良影响，更有俱乐部会购买球员的健康保险，如果球员遭受重伤，就向保险公司进行索赔。

刻刻都陪伴着我，让我的心里多了一分慰藉。

假期一结束，我就立刻切换回比赛模式。于我而言，最紧迫的事莫过于进球，进球，再进球，从而让我的球队获得胜利。因为2016年，正是我的队友们将我带向了我职业的顶峰。他们是我最信任的人，我会为了他们付出我全部的努力。

格里兹曼家庭的新成员

我曾经想过，我最好有3个孩子，最好他们的年龄差距不是很大，但是，米娅的出现绝对不在我们的计划之内。我总觉得我们有的是时间，所以脑子里从没想过艾瑞卡怀孕的事情，直到那一周的到来。

那是平淡无奇的一周，我像往常一样忙碌着：训练，拍照，与媒体见面。一天，艾瑞卡希望我能在马竞晨会结束后陪她去做一个常规检查。

之前我从未陪她去过医院，每天训练结束后，我只想待在家里休息。到了医生那儿，我就不得不排队、等待，在人群里穿梭，还要给人签名拍照。比起这个，我更喜欢安安静静地待在家里。不过这一次，我陪着她一起去了，我们在妇科检查室做了很多测试。在医生的建议下，艾瑞卡还采集了血样，只不过化验结果一周后才能出来。

当医生通知艾瑞卡到医院取检查结果时，我们正在马德里街头散步，于是便开车一同前往。艾瑞卡的妇科医生给了她检查单，并对她说："你怀孕啦！"

听到这句话，我和艾瑞卡看着彼此，半天都说不出一句话。我激动得脑子里一片空白，过了很久才想起来对医生说"谢谢你"。

一回到车上，艾瑞卡的问题就源源不断地涌出来。她很担心我父母的反应："他们会说什么呢？我们该怎么做呢？"她不停地问。

"你呢，你怎么想的？"我没有丝毫犹豫地对她说，"Gordi（这是我对她的昵称），不管我的父母或者你的父母是什么反应，是否同意，那是他们的事情，我已经做好当一个父亲的准备。我们也会很快为这个孩子的到来做好一切准备的。"我尽我所能地安抚她，让她安心。

三个月后，我们才将这件事情告知了我们的父母，那个时候胎儿已经稳定，并在一天天地慢慢长大。我在马德里比赛期间，艾瑞卡回到了她位于法西边境的家乡。一回到家，艾瑞卡就迫不及待地将这个好消息告诉了她的父母。他们无比激动，她的父亲甚至都流下了眼泪。现在只剩下通知我的家人了，幸好我有两天的休息时间，可以和艾瑞卡一起回马孔。

艾瑞卡希望我告诉父母这个消息时她能够在场，我承认当时自己还是有些紧张的。回到家，放下行李，我告诉父母还有弟弟德欧在客厅等我。等他们莫名其妙地来到客厅后，我给了他们每人一个小信封："拿着，这是给你们的小礼物。"

我母亲急忙打开信封来看，随即大喊："这是真的吗？噢噢噢，我太高兴啦！"等到父亲对我说"太好了，你就要做爸爸了"的时候，我便再也忍不住泪水。信封里是一张胎儿的超声照片，那就是我们未来的宝贝。

这两天的休息时间充满了欢乐，我的父母和弟弟都为我感到高兴。莫德当时不在，不过很快我就在视频电话里告诉了她，那时她还正在开车呢。

在妈妈肚子里待了九个月后，我的女儿呱呱坠地，其实我更愿意称她为我的小公主。她出生于 2016 年 4 月 8 日，就在我姐姐生日的后一天。

对我来说，那是一次非常特殊的体验，但同时也很煎熬。艾瑞卡进行的是剖宫产，征得了助产士的同意后，我可以进去陪着她了。她很紧张，因为害怕而发抖，她担心自己和宝宝会出什么事情。我现在还能回忆起当时的情景，我站在艾瑞卡旁边，手足无措，只能不停地去看那些屏幕，紧紧地盯着上面显示的艾瑞卡的心跳脉搏。

一个护士看到我如此紧张、慌乱，忍不住对我说："你就不能和你妻子说说话吗？要温柔一点。""我本来就话不多，现在还能说得了话吗？"我回答道。

我特别害怕，只能一直盯着显示器看。十几分钟后，宝宝发出了第一声啼哭，那哭声是如此美妙和响亮。她们先把宝宝抱给艾瑞卡看，让这对母女相互认识了一下，然后一个医护人员把米娅抱给了我，转身去照顾艾瑞卡。这样我就有了和女儿独处的机会！我对她低声说了几句话，这是我们之间的小秘密。

我们都想叫她"阿尔巴"，然后再加上"米娅"，因为一听到米娅这个名字我就觉得非常喜欢。自从做了父亲，我总是满心愉悦，训练一结束就只想赶快回家看着我的女儿。我还缩短了按摩的时间，巴不得每时每刻都和她待在一起。

父女相处的时光总是过得那么快，尤其是我们几乎只能每三天才见一次面。我并不很想让我的妻子和女儿暴露在媒体之下，所以只在推特上发过几张照片，还是为了和我的粉丝分享我的喜悦。而且发照片的时候，我会刻意将她的脸挡住或者打上马赛克。

米娅出生几个月后，我都没有在官方宣布她的名字，因为我不希望我的私生活受到打扰。在公共场合说话的时候，我会非常注意，还告诉我的父母，甚至我的姐姐和弟弟不要接受太多的采访，就连我儿时的伙伴也被我提醒不要讲有关我女儿的事情。

不久前，米娅才第一次来看我踢球。每进一个球，我都会和她小小地示意一下。米娅和艾瑞卡一样，是她们两个人改变了我。

第八章

进入西甲：

我有了更大的舞台

西甲的第一个赛季

"每个进球都是精心准备的"，这是对西甲最准确的评价，时间越久，我对西甲的感情就越深。

2010 年 8 月 29 日对战比利亚雷亚尔队 ① 的比赛是我在西甲的首秀，我代替弗朗西斯科·苏蒂尔上场，我的西甲序幕由此拉开。两周半后，我作为首发队员对战皇马，那是一个拥有克里斯蒂亚诺·罗纳尔多、伊克尔·卡西利亚斯、马尔科·佩佩、塞尔西奥·拉莫斯、马塞洛、梅苏特·厄齐尔、萨米·赫迪拉、安赫尔·迪玛利亚、冈萨洛·伊瓜因还有卡里姆·本泽马的超级球队。西甲首秀和与皇马对决，这两件事都让我无比振奋，但是在西甲，只有进球才是硬道理。

2010 年 10 月 25 日，西班牙甲级联赛进行到第八轮，皇家社会迎

---

① 比利亚雷亚尔，西班牙传球足球俱乐部，坐落在仅有几万人口的小城比利亚雷亚尔市，历史上一直默默无闻，但却在 2002 年后突然崛起，甚至一度进入欧洲冠军联赛半决赛，球队绰号"黄色潜水艇"。

战拉科鲁尼亚队①，场上有大约两万观众。

开场 15 分钟后，经验丰富的何塞巴·略伦特就攻入一球。他是西班牙巴塞罗那队的前队长，和劳尔·塔穆多都是夏季转会时新招入皇家社会队的成员。

开赛前，我就对媒体负责人说让广告车停在球场边，而且不要关门。"这样如果我进了球的话，就能直接上车了。"我的队友听到后都笑话我，他们并不认为我一定能进球，还对我说："你可别吹牛，你做不到的，但如果你真的射中了，我们要跟你一起上广告车……"

比赛进行到 70 分钟的时候，卡洛斯·马丁内斯一记传中把球给了我。我头球打门，攻破了那位加利西亚守门员的十指关，将比分改为 2：0！

"les Txuri-Urdin②"，对，就是我们，巴斯克地区的蓝白军团！

我是个守信用的人，进球之后，我示意我的队友跟我走。我们跳过栅栏，径直走向停在球场边的那辆广告车。上车后，我手握方向盘，一时兴起做起了驾驶员。队友们都坐在乘客的位置上欢呼，连我们的队长——哈维·普列托也跟着上了车。

这是我为西甲贡献的首个进球，当时有些高兴过头了，也许以后我再也不会以这样的方式庆祝了，但我从来不曾为此事后悔，尽管在一片

---

① 拉科鲁尼亚，西班牙足球俱乐部，历史上一度是西甲顶级球队，但近些年开始没落，混迹于西甲中下游和西乙联赛。
② 球迷对皇家社会队的昵称。

欢笑声中，我吃了一记黄牌，并且在第 82 分钟的时候就下场了。但无论如何，我都得到了阿诺埃塔的阵阵喝彩，这个体育场给我带来了太多的欢乐，它就是我的福地。

在西甲的第一个赛季中，专业化而且快节奏的训练生活使我得以充分发展，只是与以前相比属于自己的时间越来越少了。

我在场上的位置是左前锋，一个赛季共参加了 34 场联赛，并打出 7 个进球，对战希洪时还曾梅开二度。与埃尔库莱斯队[①] 的比赛让我一球成名，大卫·特雷泽盖是我迎战的第一位世界冠军，这个相貌狰狞的人不仅是 1998 年的世界杯冠军，更是一位非凡的射手。他在职业生涯中一共为尤文图斯[②] 攻入 171 个进球，以及为法国队在 71 场比赛中攻入 34 个进球，这些成绩使得他成了所有人的榜样。

在那场比赛中我俩都进了球，中场休息的时候我还要到了他的球衣。不过比赛后，我很快就离开了，因为我们输了。

从那之后，我开始声名鹊起。在阿诺埃塔附近，我看到越来越多的孩子身上穿着印有"格里兹曼"字样的 27 号球衣。我终于得到了大家的认可，为此我感到无比骄傲，已经很久没有一个俱乐部青年队出来的年轻球员在一队赢得球赛了。

---

① 埃尔库莱斯队，西班牙足球俱乐部，实力较弱，长期混迹于西班牙次级联赛。
② 尤文图斯，意大利顶级俱乐部，球队以稳健和顽强著称，曾连续 7 次获得意甲冠军。

我踢球的风格以及我平易近人的性格也受到了公众的喜爱，我能感受到大家对我的支持与鼓励。那一季结束的时候，皇家社会排名第十五，这个名次可以保级，但却不足以让拉萨尔特保住他的位置，取而代之的，是时任瓦朗谢讷队主教练的法国人菲利普·蒙塔尼耶。

蒙塔尼耶曾是位出色的门将，与他一同前来的还有他的忠实助理米歇尔·特罗万。不过我一直对乌拉圭教练拉萨尔特心存感激。

作为蒙塔尼耶的教练开场秀，我们在他的带领下顺利结束了最后三轮对抗。在对战拥有梅西、哈维、伊涅斯塔、弗朗西斯科·法比加斯以及大卫·比利亚的巴塞罗那时，我以一记进球顺利开局。

进入欧洲冠军联赛

第二个赛季，西甲最好的射手——从阿森纳借来的墨西哥人卡洛斯·贝拉成了我们的新成员。至于我，这个赛季我总共贡献了八个进球和四次助攻。

2012年夏天好事连连，不仅是我与俱乐部又续约一个赛季，卡洛斯·贝拉也得以成功转会，同时俱乐部还招入一位强有力的左中场——冈萨洛·卡斯特罗，大家都管他叫乔里。他在他的国家乌拉圭获得过三次冠军，并在皇家马洛卡体育俱乐部[①]打了五个赛季。

赛季初并非一帆风顺，国王杯晋级赛中，我们在诺坎普球场对阵巴塞罗那时丢掉了五个球，联赛初期的十场比赛我们输了六场。此外，我还受了些轻伤。但不久后，我们开始慢慢找回状态，从此一发不可收，我们不仅以 3∶2 击败巴塞罗那一雪前耻，还赢了毕尔巴鄂队，赢了马德里竞技队，赢了塞尔维亚队，最后以 4∶2 大胜瓦伦西亚队[②]，在此期间还以 3∶3 打平皇马。那场比赛中，我也进了球。

在这一波十五轮不败的狂潮中，我贡献了五个进球，光荣地结束了这一赛季。第三十八轮对阵拉科鲁尼亚队时，我打入了全场唯一进球，确保球队获得了西甲第四名的战绩，并成功拿下 2013/2014 赛季欧冠附加赛的资格。不过在这之后，菲利普·蒙塔尼耶就去了雷恩足球俱乐部执教。

对于菲利普·蒙塔尼耶，我很喜欢他那一套训练方法。他很注重在进攻时，特别是球门前动作的训练。他的助理米歇尔·特罗万经常把我叫到一边，单独帮助我提高头球和夺球的技能。我觉得这让我进步了不少，动作变得更灵活了。

2012 年 10 月，我和法国队队友夜间外出被法国足协禁赛后，菲利

[①] 皇家马洛卡，西班牙俱乐部，历史上曾为西班牙顶级联赛劲旅，现在已将入至西班牙第三级别联赛。

[②] 以上四支球队都是西甲中上游俱乐部，马德里竞技更是近几年西甲最具有竞争力的俱乐部之一。

普对我的态度让我非常感动。回到皇家社会后，他把我叫到办公室对我说："听着，我知道你做了些不太好的事，也知道你在法国队的处境。但是你要清楚，对我们来说，你仍然非常重要，我对你抱有极大的信心。"

听到这些话后我不禁为之一振，明明知道我干了一件蠢事，可他不但没有计较，反而鼓励我重新振作起来。他还跟我说："我这么说可并不是因为现在我们正在跟法国队对抗，这个周末我们有一场重要的比赛，我希望你能调整好状态前去应战。"

从他办公室出来的时候，我又变得信心满满了。

俱乐部对我真的太好了，他们将我很好地保护起来，远离一切纷争。于是我加倍努力训练，希望能给俱乐部展现一个不一样的我。菲利普给了我最大的发挥空间，我也尽全力回报他的信任，以 10 个进球的成绩结束了联赛。

菲利普并不会因为我们国籍相同而对我特别优待，但他始终相信我，坚定地跟我说只要我状态好就一定会让我上场，我的任务就是赢得比赛。当时队里的氛围一直很好，我们在一起的时候常常相互打趣、开玩笑。有时候我会想，我们能如此一帆风顺的原因之一也许就是巴塞罗那和马德里的两个队伍都被我们淘汰了吧！

参加欧冠联赛是我一直以来的梦想，但不巧附加赛前俱乐部发生了很多变动，蒙塔尼耶和米歇尔·特罗万去了布列塔尼，俱乐部的主席乔金·阿皮里拜也把队伍交给了他的一个助手——贾戈巴·阿拉斯提，当时他只有 35 岁。

不得不说一切都是命运的安排：欧冠联赛附加赛最后一轮，我们要面对的是法甲排名第三的里昂队！想当年，距离马孔只有 70 千米的奥林匹克里昂俱乐部还曾将我拒之门外，如今，22 岁的我将用热尔兰的这场比赛让他们彻底改变对我的看法。虽然这样的职业球赛我已经打过超过 150 场了，但在法国，所有人对我还都不甚了解。

在赛前，我还专门和父亲一起看了索尼·安德森、儒尼尼奥和其他人的训练，这次我不想输。2013 年 8 月 20 日，比赛正式拉开帷幕，我们的计划是快节奏进攻，我就像是和我的朋友们在街上踢球一样，不假思索，无比放松。

第 17 分钟，卡洛斯·贝拉带球突破后，左路下底传中至第二根门柱。当时穿着黑色球衣、顶着一头金发的我没有等球落地，直接在球门区飞身一记漂亮的倒勾凌空射门。里昂门将安东尼·洛佩斯对我这一球毫无招架之力。这一球在精神上给了我极大的鼓舞，我欣喜若狂。马孔的居民们还曾到我父亲那里打探我的态度，希望我能在热尔兰的这场比赛中输球，很不好意思，让他们失望了⋯⋯

成功打出这记倒勾后，我便向观众席上的父母跑去，我想和他们一起庆祝。我还激动地拥抱了卡洛斯·贝拉，感谢他漂亮的传中。

倘若再看一次我进球后的表情，你就会发现当时的我到底有多兴奋。热尔兰球场的这一进球对我来说非常重要，而且还是在我的家人面前，我内心的愉悦简直无法用语言来表达。

下半场开始的时候，刚从意大利来的瑞士人哈里斯·塞夫洛维奇一记漂亮的世界波迅速将比分拉开，为我们锁定了胜利。这对亚历克斯·拉卡泽特和克莱门特·格里尼来说无疑是一种遗憾。2010 年的时候，我还曾经和他们一同赢得过欧青杯。

虽然这并不是最终的胜利，但我的感觉非常好。球场上，我接受了贝因体育 ① 顾问桑尼·安德森的采访，之后还在很多媒体的采访中来讲述我的这一粒进球。

八天后回到圣塞巴斯蒂安，皇家社会又以 2 ：0 的比分证明了自己的实力，并在一片赞歌声中正式打入欧洲冠军联赛小组赛。

苦涩的欧冠之旅

由于之前没有突出表现，我们被分到了一组水平较高但还算均衡的组里，这一组最受关注的是曼联。

9 月份随着乌克兰顿涅茨克矿工队 ② 的到来，比赛正式拉开帷幕。

---

① 贝因体育是一款安卓平台的应用软件，主要为球迷提供如西甲、意甲、法甲、南美解放者杯、国王杯等足球赛事的新闻报道。
② 矿工队是乌克兰顶级球队，历史上也曾一度跃进欧洲最顶尖球队行列。球队作风硬朗，崇尚进攻，历史上走出过很多著名球星。

矿工是一支强大的队伍，他们拥有来自克罗地亚的队长达里奥·斯尔纳和一些优秀的巴西球员，如路易斯·阿德里亚诺、费尔南多、道格拉斯·科斯塔和亚历克斯·特谢拉。

为了重返欧洲舞台，我们一直期待着这样完美的相遇。比赛初期，我们占有主动权，还制造了不少机会。开赛三分钟后，卡洛斯·贝拉就在旁侧助攻为我带来了进攻机会，后来鲁本·帕尔多和队长哈维·普列托也分别找到了射门的机会，但可惜都未能成功破门。

更糟糕的是，下半场他们的前锋亚历克斯·特谢拉在对我们进行的两次进攻中梅开二度，而贝拉却将球打到了横梁上，痛失一次机会。矿工队球员的专业水平确实非常高，我们嫉妒也没用，只能眼睁睁地看着他们把胜利夺走。

冠军联赛有太多吸引我的地方：球迷们热切的眼神，特制的足球，美妙的音乐，孩子们在场地中央手持条幅，挥舞着旗帜。如今，尽管已经经历了几十场冠军联赛的比赛，我仍然对它充满期待，从中获得了源源不断的快乐，它是我毕生的梦想。即便是如今，我还在不断地学习和进步，对我来说每一场比赛都是新的成长。

在阿诺埃塔与顿涅茨克矿工的比赛结束后，我们就马不停蹄地前往拜耳球场对战勒沃库森①足球队。在德国主教练尤阿希姆·勒夫的指挥下，他们的队长西蒙·罗尔夫在上半场开局得分。

---

① 勒沃库森，德国顶级足球俱乐部，长期处于德甲中上游。

不过下半场从更衣室回来后，卡洛斯·贝拉就以罚点球得分将比分扳平。我们坚信能一直守住这个局面，谁知在补时阶段，刚刚上场六分钟的延斯·赫格勒就用一个任意球帮助德国队走出困境，最终赢得比赛。总之这两场比赛我们都没有得分。

在这之后，我们还迎战了绰号"红魔"的曼联。英国人将我们接到了老特拉福德球场。对我来说，这就是世界上最美的球场了，它和马赛的韦洛德罗姆都是我最钟爱的球场。我喜欢那里的一切：气氛，建筑，还有在场地上的感觉。

老特拉福德的草坪上有着最完美的阵营正等着我们去挑战：帕特里斯·埃夫拉是曼联队长，大卫·德赫亚负责守门，还有韦恩·鲁尼，迈克尔·卡里克，纳尼，以及时年39岁，比我们的教练更加年长的瑞恩·吉格斯[①]！

比赛一开始，曼联就打破了我们的一切幻想：第二分钟，在哈维尔·埃尔南德斯的步步紧逼下，伊尼戈·马丁内斯不慎将球打入自家球门，一切都发生得太快了。曼联不断消耗着我们的体力。下半场，我的机会终于来了，在一个任意球中，我射中了球门一角，可惜被弹出去了。整场我们没有得分，只能说我们的水平还不够。

---

① 吉格斯，曼联传奇球星，英国威尔士人，在球场上处于左边路，擅长带球过人和射门得分。吉格斯第一次代表曼联出战正式比赛是在1991年3月2日，而此时距离格里兹曼出生还有19天。

两周后，也就是 2013 年 11 月 6 日，轮到我们以主场身份迎战曼联了。在一阵胶着状态后，我们略微占据了优势，罗宾·范佩西因击中了门柱而错失了点球机会，马罗阿尼·费莱尼也被罚下场。不过最终比赛还是以 0 : 0 收场，这个结果至少没有让我们觉得很丢脸。我们仍然相信自己，至少从数字上来看是这样的。

不久之后，也就是 2013 年 11 月末，我们再次与顿涅茨克相遇。在顿巴斯竞技场上，这支乌克兰球队凭借他们的巴西球员亚历克斯·特谢拉、路易斯·阿德里亚诺和道格拉斯·科斯塔将比分定格为 4 : 0。由于同年 12 月在主场对阵勒沃库森队的比赛中失利，我们就此止步冠军联赛小组赛。勒沃库森则凭借厄梅尔·托普拉克的一粒进球成功晋级八分之一决赛。进步确实很难，但在内心深处，我并没有被击倒，我的眼中仍充满希望。

联赛再出发，前往马德里

离开欧冠后，西甲联赛又成为我的日常。在第三个赛季中，我仍司职左前锋，并毫无争议地担任球队主力，在和塞维利亚、巴伦西亚、阿尔梅里亚、瓦拉多利德①的对抗中，我屡次进球。至少在 12 月，我就在 15 场比赛中攻入 11 球。

这一整个赛季里，我总共为皇家社会贡献了 18 个进球，并在赛季结束的时候，超过卡里姆·本泽马和安德烈·吉尼亚克，成为这个赛季欧洲进球最多的法国籍球员。

2014 年我也保持着同样的节奏：对战埃尔切②梅开二度，进球并淘汰巴塞罗那。

几天后，我在法国青年队的禁令将被解除，我也相信自己一定会再次入选法国队。果然，3 月份，我从迪迪埃·德尚手中接过了法国队的战衣，并代表法国队战胜荷兰队，顺利完成了我在国家队的首秀。

最终，皇家社会也以联赛排名第七的成绩结束了这一赛季，获得了欧足联欧罗巴联赛的入场券。在这个赛季里，C 罗凭借 31 粒进球毫无悬念地荣膺最佳射手，比梅西要多 3 个进球。迭戈·科斯塔以 27 个进球排在后面，亚历克西斯·桑切斯得到了 19 个进球，而我和卡里姆·本泽马排名并列。

渐渐地，我成了皇家社会的代表人物，可我觉得，我必须让自己迎接更新的挑战，从而提高自己，在法国队的那段日子我就深深体会到了这一点。

---

① 阿尔梅里亚和瓦拉多利德为西班牙顶级联赛中下游球队。

② 埃尔切，西班牙小型俱乐部，现已进入到第二级别联赛。

　　我与俱乐部的合同 2015 年 6 月到期，我希望自己可以干净利落地离开。离队协商是在巴西世界杯之后进行的。

　　2013/2014 赛季中，在最后一轮 1∶1 逼平巴塞罗那的马德里竞技队，以 3 分的优势成功斩获西甲桂冠。赛后，球队的当家前锋迭戈·科斯塔转会去了英超的切尔西，俱乐部便与我达成转会协议。按照合约支付皇家社会转会费后，我就正式成为了马德里竞技队的一员。

　　离开巴斯克令我心碎，我在这里被发掘出来，并在队友们的陪伴下走向职业巅峰。我就像巴斯克的孩子，在每次出场时的阵阵欢呼声中备受鼓舞。我知道我是属于皇家社会的，我是队中重要的一环，是队内最好的射手，我的球衣也卖得最多。

　　我并不是像小偷一样悄悄地离开，在这场交易中，皇家社会俱乐部得到了 3000 万欧元的转会费。这是继拉达梅尔·法尔考之后，俱乐部历史上收到的第二大数额的转会费。然而，当我转会的消息被公布的时候，还是传来无数的谴责声。他们认为我的转会是一种背叛。我实在无法忍受在我将一切都贡献给皇家社会后，换来的却是这样的误解。

　　2014 年 11 月，我和马竞一起回到阿诺埃塔客场挑战皇家社会，我知道我不会受到鲜花和掌声的欢迎，而且在赛前我就表示，即使我进了球，我也不会庆祝，但我还是度过了糟糕的一场比赛。我说的不仅仅是比分的失败，在我热身的时候，就有不少观众向我喝倒彩，上场后更是嘘声不断，甚至有人大声诅咒："格里兹曼去死！"

　　我不理解他们为什么要这样做，想到父母还在观众席上，我就更加难受、气愤，比赛进行得艰难而且沉重。那两周的时间里，我感觉非常糟糕。在马竞的不断鼓励下，我才稍稍好受了一些。

2014年7月底的一个周日，我和马竞签下了为期6年的合同。接下来的周二我将在马德里正式亮相。利用周一的时间我前往皇家社会和大家告别，我希望组织一次新闻发布会，以此来感谢所有人，尤其是球迷们。但皇家社会不同意，俱乐部主席担心这样会激起粉丝们的反感，甚至导致一些不好的行为，他们不想冒险。

我没有听他们的话，还是举行了发布会，因为我必须有尊严地离开，给所有人一个交代。最后一次与工作人员握手，我感谢了当地的记者、医务人员、球队的工作人员。不管怎样，我都真心地感谢他们每个人。

我没能亲自和我的粉丝们告别，于是我给他们写了一封感谢信，感谢他们一直在我身边。信是我自己写的，用法语和西班牙语两个版本分享在我的社交账号上。

信的内容是这样的：

"当我刚到这里的时候，我还是个年轻的小伙子，是你们为我打开心房。你们是第一个，也是唯一相信我的人。起步的阶段并不容易，在经历了无数磨难甚至是牺牲后，我终于融入了我足球生涯的第一支队伍。多亏了你们的全力支持，我才能够成功打入西甲。今天，我要感谢你们所有人，感谢你们让我成长，教会我所有的东西，并实现我的梦想——生活在我对足球的热爱中。我要感谢所有信任我、鼓励我不断前行的教练。

感谢所有管理人员、所有工作人员、所有的医生，感谢记者们的评论，感谢我的队友以及我曾经的同事们，他们让我相信真正的体育竞技精神——无论是在球场上，还是在球场外，都不要轻易放弃。当然，我还要感谢全体粉丝每天不间断地对我的鼓励。同时感谢皇家社会这个俱乐部，帮我实现了所有的梦想，能够在甲级联赛甚至欧冠中展现自我。

现在，我需要给自己一个新的挑战，马德里竞技给了我这个机会。这个我渴望已久的机会，我不能拒绝。是的，我不再是皇家社会的一员，我也不再住在圣塞巴斯蒂安，但我永远不会忘记我在这里所经历的一切！”

最后我用西班牙语写道：

“Eskerrikasko bihotzez emandako animo bakoitzarengatik。”

这句话的意思是：“我真诚地感谢每一份鼓励。”我在不到 14 岁时就来到了圣塞巴斯蒂安，与最优秀的球队为伍，打了 5 个赛季的联赛，在 202 场比赛中攻入了 53 球。在巴斯克地区这 9 年的时光里，哪怕是最细小的记忆都不会被我遗忘。

第九章

篮球世界：
NBA 的榜样
力量

篮球的魅力

除了足球，我最热爱的体育运动就是篮球。我会在 Xbox 上玩篮球，平时在住处，我也经常会打篮球。我在马德里的房子前建了一个小型篮球场，平时常会在那里打球，以此来放松自我或者释放一些负面情绪。

打篮球的时候，我会穿上芝加哥公牛队的队服——游戏里我也会选择公牛队。我最喜欢的篮球运动员是德里克·罗斯，不过很遗憾他在纽约尼克斯队。年仅 22 岁的罗斯是 2009 年的新秀，即便如此，他已经是两届世界冠军了，而且还在 2011 年被评为 NBA 最佳球员。

我接触篮球比较晚。2011 年夏天，卡洛斯·贝拉加盟皇家社会，通过他我才开始慢慢了解篮球。每次我去训练的时候，总能听见他和戈尔卡·埃鲁斯通多两个人谈论 NBA。我和他们两个人意气相投，为了能够和他们说得上话，我便开始涉足篮球这一领域。其实在这之前，我根本不了解篮球和篮球文化。

当时，我开始在 YouTube 上搜索球赛的视频，并仔细分析一些球员的动作。当我看到德里克·罗斯时，瞬间就被他迷住了。我把他所有的比赛视频都找了出来，短短一个下午就看了几十场。

我很欣赏罗斯坚毅的性格，尽管身体受了很多伤，尤其是膝盖曾经严重受伤，但他仍然努力回归了球场。罗斯没有因为伤病就意志消沉，反而变得更加强硬勇猛，这一点太让人钦佩了。罗斯是一个爆发性的球员，擅长暴力扣篮，可以很快地瓦解对手的进攻。谈到他，我可以连续说上几个小时。只要看他投篮，我就无比激动。

2015 年 12 月的假期期间，我甚至为了他专门去了芝加哥。多亏了尼古拉·米罗蒂奇，我还有幸观看了公牛队的训练。

尼古拉·米罗蒂奇出生于黑山共和国，身高有 2 米零 8。2011 年时，他宣布加入西班牙国籍。他曾经在皇家马德里打了 4 个赛季的篮球，我就是在那儿认识他的。遗憾的是，我去芝加哥的时候，德里克·罗斯已经离开了，对此我感到非常失望。

所以，后来当我在联合中心①的比赛中看见他的时候，我的感觉就像是在做梦一样。就在那个神圣的球馆里，迈克尔·乔丹曾表演了无数个精彩的扣篮，并成为 NBA 冠军。面对罗斯时，我忍不住自言自语地说："终于见到你了！"

还有一次，我和姐姐莫德还有弟弟德欧一起去了美国的伊利诺伊州观看公牛队和布鲁克林篮网的球赛，我们称这次旅行为"芝加哥兄弟姐妹之旅"。公牛队惜败，我开玩笑说是莫德和德欧带来了霉运！

两年前我还和莫德去看了 NBA 季后赛，我们先是去了休斯敦，观

---

① 联合中心球馆，芝加哥公牛队、芝加哥黑鹰队的主场。

看詹姆斯·哈登所在的火箭队的比赛，然后又去了旧金山观看斯蒂芬·库里所在的金州勇士队的比赛。

我喜欢赛场上狂热的气氛，特别是在季后赛中，所有的球迷都会穿上一样的T恤。在休斯敦的那场比赛中，满场红色，每当摄影机对准某个观众时，他的图像就会出现在巨型屏幕上，随之而来的便是全场的欢呼声。在旧金山也是一样，只不过全场都换成了黄色球衣。整个赛场气氛紧张而热烈，球员淋漓尽致的表演将全场一次次推向高潮，我很喜欢这种氛围。

可惜足球比赛中就没有这样的现场效果。如果法国队在国内比赛时，整个体育场的观众都身着蓝色，那场面一定非常壮观。

NBA有很多值得学习的地方。我个人觉得，他们对裁判员的尊重就很值得称赞。在NBA比赛中，如果你质疑裁判，对裁判大叫大骂，甚至和裁判说一句话，都会被判技术犯规或罚球。这个规定也可以应用于西班牙，我相信这样一定会减少球员与裁判之间的冲突。

我很喜欢在美国的感觉，每幢房屋前的美国国旗展示着美国人骄傲的爱国情怀。我也喜欢美国人看待事物的方式，他们融合了黑人、中国人、拉丁美洲人等的思维习惯。

我很希望有一天可以在美国踢球，如果能签约某个有资质的俱乐部，那将再理想不过了。但目前而言，我并不急于去改变现状，因为我还有大把的时间。我只是希望能有机会去体验美国人的生活方式，让自己沉浸在这种文化中。不过我更希望那是在职业生涯的后期，就像蒂埃里·亨

利 [1] 一样。

西班牙的世界杯冠军大卫·比利亚 [2] 现在就效力于纽约城足球俱乐部。我曾经和他聊过天，他在美国发展得很好，他的家庭也生活得很幸福。

我与 NBA

2016 年 12 月，我又去了趟美国。21 号我去了俄亥俄州的克利夫兰，这次是艾瑞卡陪我去的。米娅还太小，她受不了长途旅行和时差，于是我们把她留给了我的岳父、岳母。

在家的时候，总是会有很多人前来拜访，我们也很喜欢接待别人。而这趟旅行中，我和艾瑞卡终于可以享受几天二人世界了。我很开心地向艾瑞卡展示这个国家让我着迷的东西和 NBA，她也终于可以和我一

---

[1] 亨利，法国著名球星，职业生涯巅峰期效力于英超阿森纳俱乐部，是格里兹曼之前法国国家队最高效的射手。

[2] 比利亚，西班牙著名球星，职业生涯曾效力于巴塞罗那和马德里竞技，以射术精湛闻名。比利亚、亨利等人相继转会美国其实是欧洲球星最近十年来职业生涯模式的普遍选择。在职业生涯末期，很多欧洲球员都选择转战美国、中东、东亚等足球联赛，一方面不用再面对激烈的竞争，另一方面仍然可以获得高额的薪水。

同亲身体验了。

在克利夫兰，我们看了一场密尔沃基雄鹿队的比赛，不得不说这是一场视觉盛宴，比赛的气氛非常热烈。第二天，我们又踏上了去往纽约的飞机。到达纽约后，下午我们去散步和购物，晚上则是去曼德森花园广场继续观看比赛，当晚是德里克·罗斯所在的尼克斯队的比赛。是的！我又是为了他去的。

我是一名职业足球运动员，是法国国家足球队的一员，效力于马德里竞技俱乐部，我已经是很多球迷的偶像了，但我一直保持着孩子般天真的一面，我不想让这一美好的品质消失。面对着罗斯，我就像一个十几岁的孩子一样激动地仰望着自己挚爱的偶像。

纽约尼克斯队非常友好，艾瑞卡和我在美国期间一直受到他们的照顾，他们还安排我和乔金·诺阿等几个球员见面。穿着球队的球衣，我坐在第一排目睹了奥兰多魔术队的季前赛，赛事的组织者事先询问过我是否可以上镜，我愉快地答应了。

当镜头对准我时，我的影像出现在巨型屏幕上。主持人说出了我的名字，于是全场开始沸腾，刹那间掌声雷动。我被这样的反应惊到了，不知道该作何反应。于是，我就做出我进球时的庆祝动作，因为在那一刻我脑子里只有这个。腼腆的我不免有些局促、害羞，但是我还是很喜欢曼德森花园广场。

随后，我和德里克·罗斯一起上场，我穿着印有"格里兹曼"的7号尼克斯白色球衣，罗斯则穿着有他的名字的马竞25号球衣。罗斯喜欢足球吗？我不知道，但是我是喜欢罗斯的，辗转于芝加哥和纽约之间就是为了能够看他一眼。罗斯身上有我欣赏的品质，而且我会一直支持他。

第二天一早，艾瑞卡和我赶回西班牙同家人一起过圣诞节。回到马德里后，我继续关注 NBA 比赛，只有两场错过了，因为比赛是在半夜。

托尼·帕克曾邀请过我去圣安东尼奥观看淘汰赛。我很想去，这样也可以更多地了解他，因为一直以来我们都是电话联系的。

2014 年 9 月，我去看了在马德里的世界篮球锦标赛四分之一决赛。法国篮球队击败了西班牙队赢得胜利。赛后，我还去球员的更衣室向他们表示祝贺。每当法国队参加比赛时，不管是什么运动，我都是他们的狂热支持者，并尊重每个法国运动员。

我很荣幸能够去贝尔西体育场参加 2017 年 1 月 29 日的世界手球锦标赛的决赛。法国队战胜挪威队时，我感到无比激动。我不太了解手球这项运动，甚至偶然在电视上看到时还会觉得有些无聊。但在赛场上，我被彻底征服了，我和所有观众一样无比兴奋，不断为进球和守门员的防守而欢呼。

我没有时间私下去向尼古拉·卡拉巴蒂奇和其他球员祝贺，因为比赛后我必须立刻返回马德里。我很怀念那个周日，因为那天还是在万森纳赛马场举行的第九十六届美洲大赛的开幕式。场地到处布满了摄像机，赛前我和父亲还与他最喜欢的明星马"黑鹰"一起合影留念。我父亲很喜欢马术，所以我很高兴能给他留下这一段美好的回忆。

第十章

禁赛风波：
错误之后的醒悟

不可原谅的错误

一个父亲的直觉是不会有错的，其敏锐度令人生畏。

2012 年欧青杯 [①] 预选赛期间，我因为和另外四个青年队的球员私自从勒阿弗尔去了巴黎而被处以禁赛的处罚。从奥斯陆回来，我们的开除令被宣布的几个小时后，法国《队报》就将此事公之于众。虽然没有公开我们五个人的身份，但父亲很快就感觉到这事一定和我有关，因为他太了解我了。

这件事后，我的职业生涯开始走起了下坡路。当然，现在我已经走出了困境，可在当时它给我带来了非常严重的后果：那个时候正处在国家队选拔的关键时期，而我却被法国足联纪律委员会取消了参与选拔的资格，一直到 2013 年 12 月 31 日。

当时我 21 岁，正是意气风发的时候，禁赛令让我一时备感受挫，内心痛苦不已，不过我还是勇敢地承担起了自己的责任。经过这件事后，

---

① 欧洲 U-21 足球锦标赛（UEFA European Under-21 Championship）自 1978 年起举办，每两年举办一届。

我变得更加成熟，更加懂得一个高水平的足球运动员肩上应该担负起的责任和要求。

在我看来，那次被禁赛不是我职业生涯中的一个污点，恰恰相反，它是一个重要的转折点。自此以后，我变得更加专业，更加注重细节。从某种意义上来说，翻过这一页，我变成了另外一个人、另外一个球员，或者说我的个性发生了彻底的改变。这件事对我来说既是坏事，也是好事。

这件事情的经过是这样的：

2012 年 10 月 12 日，那天是一个星期五，我们在三个月前刚刚投入使用的勒阿弗尔海洋体育场迎战挪威。

勒阿弗尔海洋体育场是一个现代化的体育场，可容纳 25000 人。为了争取第二年 6 月份在以色列举行的欧青赛的决赛资格[①]，我们一路过关斩将，现在只剩下关键的一步：在两个回合的主客场比赛中淘汰挪威队。

攻克这个障碍我们还是很有希望的，特别是当时我们已经拥有相当不错的战绩：在第九小组 7 胜 1 负排名第一。值得一提的是，1988 年的欧青杯冠军法国队自 2006 年以来就再也没杀出过预选赛。

我们摩拳擦掌、跃跃欲试，发誓要改写这段历史，当时我们的阵容

[①] 以色列虽然领土处于亚洲，但因为特殊原因，以色列并没有加入亚洲足球联合会，而是选择加入了欧足联。

是：门将是阿里·阿哈马达；队长塞巴斯蒂安·科尔夏、拉斐尔·瓦拉内、克里斯·马文加和埃利克姆·曼加拉组成防守阵营；中场有扬·姆维拉、雷米·卡贝拉、文森特·帕罗和克莱芒·格勒尼耶；维桑·本耶德尔和安东尼·科诺凯特司职前锋。

一直以来，在法国国青队我都是作为首发队员上场的，但这场比赛中却没有。我和亚历山大·拉卡泽特、约苏哈·吉拉沃吉、本杰明·斯坦鲍利、雅辛尼·布拉希米都是替补队员。

比赛在18点45分开始，当时天还下着蒙蒙细雨。开赛第22分钟，瓦拉内（当时已经转会皇马）接过科诺凯特开出的角球头球攻门，这是整场比赛唯一的进球。

主教练埃里克·蒙巴埃尔[①]在第77分钟让我上场换下卡贝拉，最终我们以1∶0战胜挪威队，不过由于之前的优势，即使以1∶2的分数负于挪威队我们也仍然有希望晋级欧青赛决赛。

比赛中还有一个小插曲，六名巴勒斯坦示威者在比赛过程中冲上了草坪，他们拉出了一些条幅，但随即就被球场安保人员带走了。

第二回合的比赛将于4天后在挪威德拉门港举行，那是位于峡湾尽头布斯克昌郡的一个有着6.5万居民的小城市，也是八届奥林匹克冬季两项的冠军、传奇人物奥勒·比约恩达伦的故乡。

法国队在主场比赛之前一直处于比较理想的状态，但我却开心不起

---

① 2008年到2012年期间担任法国U-21青年队的主教练。

来，原因很简单，因为我没能首发上场。教练已经决定要指望科诺凯特这个来自莱斯特城的边锋了。他的确打出了一场精彩的比赛，但我仍为自己不能上场踢球而懊恼不已。

周六晚餐后，我和扬·姆维拉、克里斯·马文加、维桑·本耶德尔和姆巴耶·尼昂在酒店房间里聊天。克里斯很喜欢跳舞，所以他放起了音乐，大家都感觉非常放松，互相聊着在俱乐部或者法国青年队里的境况，以及我们的雄心壮志，不知不觉就到了深夜。

这时我们中的一个人接到了一个电话，电话里他的朋友告诉他现在在巴黎有一个派对，很多球员都去参加了。我们看着彼此问："那怎么样，我们去吗？"大家都有些蠢蠢欲动了，可是问题重重。

"可以去的话当然好，但是我们离得太远了……我们要怎么过去呢？"

"从勒阿弗尔开车过去要多长时间呢？"

"教练要是知道了该怎么办呢？"

最后，在大家的互相怂恿下，我们终于决定驱车前往。为了不惊动其他队员，我们五个人尽可能秘密地离开了酒店，就在战胜挪威队的第二天，驱车前往了距离勒阿弗尔180多千米的首都巴黎。一路上，我们随着收音机上的音乐纵情高歌，笑声不断，路程仿佛变得很短。

派对在香榭丽舍大街附近的一个叫作水晶宫（Crystal Lounge）的夜店举行。我们比预计晚到了一个小时，所以当天不得不留了下来，第二天黎明才起身返回勒阿弗尔，一路上还不断催促司机尽可能快一些。

那个晚上我们只睡了一小会儿，回到房间后，我渐渐平静下来，可随后压力便接踵而至。我自觉做了一件蠢事，一件大蠢事，我真是个十足的傻瓜。

不该输掉的比赛

当时还没人知道我们偷偷跑出去这件事，包括球队的教练们。第二天早上，我们在 HAC（勒阿弗尔足球俱乐部）训练中心开了一个会，下午的时候，也就是首轮比赛的 48 小时后，就乘飞机来到了挪威。

然而当我们还在飞机上的时候，球队里就有人开始窃窃私语了。我不知道源头是谁，但球队里已经开始有传言说前一天晚上有球员私自外出了，只是还没有提及名字。

一到德拉门港的酒店，队长塞巴斯蒂安·科齐亚和副队长拉斐尔·瓦拉内就警告我们说，他们已经知道扬·姆维拉和姆巴耶·尼昂违规外出了，至于其他 3 位球员，克里斯·马文加已经主动向教练埃里克·蒙巴埃尔承认，希望其他两位球员也可以主动地站出来，同时他们自己也会展开调查，联系勒阿弗尔酒店的守夜人。

后来本耶德尔也被发现了，就只剩下我了。坦诚来讲，我当时只是想静观其变，如果教练来问我，我是肯定不会说谎的。但我不想去自首，我也觉得其他人一定不会把我揭发出来。

该来的最终还是逃不掉，几个小时后，蒙巴埃尔就让我去酒店大厅见他。"那天晚上你是和他们一起去的吗？"他问我。或许有人泄露了我的名字，也或许他是在虚张声势。可我不想再隐瞒了，于是我向他坦白："是的，我也在。"

他表示非常失望，并说他不相信我会犯这样的错误。他当时说话的声音很大，他的助手帕特里克·冈法隆也在。

"是的，我知道，我干了一件蠢事。"我说，"我很后悔，我表现得像是一个被宠坏的孩子。我真的很抱歉……"

不可否认，我的确做了违规的事情，不过球队决定暂时不处罚我们，至少在这场决定性的比赛之前不会，毕竟一切都应该以欧洲杯为重。

比赛中注意力的集中至关重要，可是对我们来说，这场在挪威的比赛简直就像是一场噩梦。首发队员中除了新加入了约苏哈·吉拉沃吉和亚历山大·拉卡泽特外，其他人员都没有变化，我还是坐在长凳上，而本耶德尔则坐上了观众席。

比赛没有想象的顺利，开始不久法国队就遭遇了险境。克里斯·马文加没过多久就因为两次犯规收到了黄牌警告，并导致了对方的两次进球。在比赛第27分钟的时候，我们的比分竟然已经是0∶3落后了！

如果吉拉沃吉可以在上半场结束前创造奇迹，扬·姆维拉就会上场。可惜他丢了球，给了挪威队可乘之机。趁门将离开禁区的时机，他们又攻入了第五个球。随后教练换上了亨利·塞维特和姆巴耶·尼昂。

当时有很多对我们不利的条件：合成的草坪，湿滑的场地，还有从下午开始就一直在下的雨。

比赛第 64 分钟时，我换下吉拉沃吉。20 分钟后，拉卡泽特为我们减小了两队的差距后被罚下场。我在第 87 分钟时以一个远角球再次破门，让球队看到了希望。我们几乎一直压在挪威队的球门前，不断进攻，却没能再次破门。最终裁判哨声响起，比赛结束了。挪威队以 5 : 3 取胜，获得了通往以色列的入场券。

失望和悲伤的阴影一直笼罩着我们，我们这一代的球员很有天赋，但这已经说明不了什么了。在那一刻，我意识到了事态的严重性：勒阿弗尔的事情迟早会被公之于世，新闻媒体也一定会咬住不放，直到彻底查清。

当时的法国队已经饱受争议和责难。两年前，也就是 2010 年，在南非的克尼斯纳，球员们返回大巴车集体罢训①，所有人都将这件事与世界杯上首轮惨遭淘汰联系在一起。

2012 年在波兰和乌克兰也有类似的事情发生。在洛朗·布兰克的带领下，法国队在四分之一决赛中负于后来的冠军西班牙队，但公众更

① 南非世界杯法国罢训事件：2010 年 6 月，在南非世界杯进行中，法国国家队队员在一次训练赛中集体罢训，引爆巨大丑闻，之后作为前一届世界杯亚军的法国队在小组赛就被淘汰。法国足协因此蒙受了巨大的羞辱和非议，最终给予参与罢训的阿内尔卡等人以禁赛和开除国家队等处罚。

为关注的是萨米尔·纳斯里把食指放在嘴上禁言的手势。

他只是想告诉那些批评他的人，包括媒体，在他对阵英格兰队的进球之后，或是当他在更衣室里发表了某些个人看法后不要对他妄加评论。总的来说，作为国家代表队，不论是比赛成绩还是道德高度，我们都必须做到无可指摘，可惜我们没有。

我在心里对自己说："一切都会好的。"很明显，如果那一场比赛我们打败了挪威队，正如我们应该的那样，那现在的情况就一定会大不相同，甚至勒阿弗尔的事情可能永远都不会被公布出来，可惜事与愿违。

在我的名字被曝光之前，我父亲就已经猜到了。我很愧疚。我没有重视那些警告，尤其是埃里克的。我没有把握好作为一个职业足球运动员和法国青年队队员的状态，我还没有清楚地意识到自己已经成为一个公众人物这一事实。

作为一位职业球员，我不能再随心所欲地去做自己想做的事情。不论是在俱乐部还是在预选赛中，我都代表着法国，肩负着很重的责任。我仿佛是被打了一记耳光，大大的一记耳光。这是我人生中最失败的一件事，也是最严厉的教训。

禁赛风波

埃里克很不满意我的表现，我的父母也一样。我知道我让家族蒙羞了。身为足球教练的父亲和我的母亲把我狠狠地臭骂了一顿，我能感受到他们的怒火。埃里克和我父亲在我圣塞巴斯蒂安的家里开了一场"紧急会议"，他们为我重新调整了职业方向，向我强调对于一个足球运动员来说，形象有多么重要，所以千万不能让"格里兹曼"这个名字沾上污点。

随后几天，他们也一直鼓励我重新开始，他们感受到了我的悔恨。我的姐姐和弟弟同样也很支持我，他们努力不让外界打扰我，让我尽快忘记这件事，专心于足球，以便重整旗鼓。

回到西班牙，我在皇家社会得到了安慰，他们倾尽全力帮助我渡过这一风口浪尖。教练菲利普·蒙塔尼耶甚至还会为了让我重展笑颜而和我开玩笑。

看到我整日一个人缩在角落里，我们的队长也过来安慰我，他向我保证说："放心，在这里，你的生活会很平静。我们只关心你个人，其他事情都与这里无关。"他还对媒体说："我们需要安东尼。"

这些伙伴推动着我继续向前，是他们让我比以前更有信心，是他们给了我更加强烈的求胜欲还有不断超越自我的决心。于是我加倍努力训练，期待早日走出阴霾。

理所应当地，我们遭到了舆论的批评。后卫塞巴斯蒂安·科齐亚也一直在埋怨我们，在被挪威队淘汰后，他就曾在报纸上、电台上发声指责我们。这让我很难受，尤其是他还是队长。我承认我们做了一件蠢事，但是我们也没必要在大庭广众之下永远戴上这一"枷锁"。我很感激拉斐尔·瓦拉内的回应，他对我们持以客观的态度，而不是一味地指责和批评。

瓦拉内说："没错，他们做了件蠢事，但他们也认识到了自己的错误，我们要学会宽恕和原谅。"

这件事并没有很快过去，10 月 18 日，就在输掉比赛的第二天，法国足联召开了纪律委员会。我们被要求在法国青年队的集训上——就像之前说过的——对我们夜间私自外出的行为"做出回应"。媒体也争相报道此事。

姆巴耶·尼昂被推到了舆论的风口浪尖，因为他已经由于"拒绝与教练握手"以及"在欧洲杯四分之一决赛中下场时拒绝与替补队员握手"而被纪律委员会严肃批评，而我则因为住在西班牙，大家对我不太熟悉，所以针对我的舆论较少一些。

11 月初的一个早上，扬·姆维拉、克里斯·马文加、本耶德尔和姆巴耶·尼昂和我一起来到位于巴黎 15 区格勒内尔街的法国足联总部，站在审查委员会前接受审判。法国青年队的教练埃里克·蒙巴埃尔也在场，他在我们被开除后就辞去了教练一职。

我们每人都有俱乐部的一位代表或经理人陪同，在我们面前的是足联的大佬们。这次听证会布置得像法庭一样，我们站在一张大桌子前面，周围都是足联的管理人员。整个事件中，皇家社会俱乐部都表现出坚定而友好的态度，一直与我站在同一阵线，俱乐部的副主席还亲自来到了巴黎。

我们每个人都有机会为自己辩解，轮到我时，我转向教练说："我知道我们做了一件蠢事，我真的很抱歉，就这些……"我不知道我还能说什么，懊恼和忏悔都为时已晚，我能做的只有安静地接受一切处罚。

教练菲利普·蒙塔尼耶的副手对我们很有意见，认为我们就是一群小傻瓜，并且言语里暗示着我们才是让教练丢了工作的罪魁祸首。这听上去很难让人接受，可这的确是事实。对于教练蒙塔尼耶的离开我感到非常遗憾，但是法国队失去欧青杯的决赛资格难道也要完全归咎于我们五个人吗？对此我表示怀疑。

在那场与挪威队的比赛中，开场我们就非常糟糕，团队以往的训练有素在那场比赛中完全没有表现出来。有些球我们完全是可以守住的，却让对方钻了空子。整个团队精神恍惚，反应迟钝，我也犯下了致命的错误。

虽然有人为所受的处罚提出申诉，但我绝对不会。我告诉自己："闭上你的嘴巴，你罪有应得，你要安静地接受处罚直到禁赛期结束。"这的确是一件非常痛苦的事情。也许是在克尼斯纳和 2012 年欧洲杯受挫后，法国足联想要杀鸡儆猴，他们的信息传达得很清楚：对一切行为零容忍。通过对球员进行最严厉的处罚重申他们的权威，以期一个月后的主席选举顺利进行。

扬·姆维拉的处罚最重，一直要被禁赛到 2014 年 6 月 3 日，这就意味着他不能参加巴西世界杯。扬·姆维拉 22 岁，比我们稍年长一些，经验也更为丰富。他被视为能带领我们在此次欧青杯晋级的领军人物，却也被认为是这次私自外出的煽动者。不过我觉得，我们每个人都有罪，没有什么主犯和从犯之分，应该受到同样的处罚。

就算那晚他不去巴黎，其他四个人也一定会去。每次比赛我们的精神都高度紧张，所以需要通过一些活动来放松自己，只是这次我们选择了不恰当的时间。

克里斯、姆巴耶、维桑和我受到了同样的处罚，从 2012 年 11 月 12 日到 2013 年 12 月 31 日禁止参加任何国家队形式的比赛，后来我们就没再见过面。本赛季，维桑也在塞维利亚打联赛，如果能见到他我会非常开心，即使我们一起经历了一些不好的事情，但我们依旧是好兄弟。

现在在里尔踢球的塞巴斯蒂安·科齐亚于 2016 年 8 月被招入法国国家队，并在接下来的 11 月份首次亮相法国队的友谊赛。我不是一个记仇的人，当他来到克莱枫丹的 A 队的时候，我也没有和他再次谈起过那件事。起初可能与他还有些疏远，但很快一切都烟消云散，就像什么都没发生过一样。

这样的处罚对于一个足球运动员来说可以是致命的，但我努力把它转化为一种动力。我竭尽全力服务皇家社会俱乐部，规范自己的言行举止，让自己成为一名合格的球员。禁赛期结束时，我的努力终于换来了回报，德尚给我打电话说我依然有机会为国家队服务，这让我大为振奋。

在被禁赛的漫长的 13 个月里，我过得无比痛苦。不过当我成为法国国家队的一员后，我反而理解了他们当时的用意。而且现在，如果一个同伴犯了同样的错误，为了参加一个晚会而置集训于不顾，我也会支持对他进行严厉的处罚。穿上法国国家队的蓝色球衣，就不容许我们再犯一丁点儿的错误。

第十一章

"马黛茶"文化：
我的南美情结

我的南美情结

我感觉自己越来越富有南美精神，并且它已经完全融入我的生命之中。这大抵是在皇家社会和马德里竞技的时候，与那些乌拉圭或者阿根廷队员接触过多产生的影响。

与他们为伴我感觉很好，我喜欢这些国家的人、他们的生活方式——面对任何情况都保持乐观的心态，还有他们的宽宏大量、他们的精神状态、他们的团结一致，都让我感到十分惬意。

为了让朋友开心，他们愿意给予你一切。他们从不抱怨，也从不会被金钱左右。眼下我正生活在南美团队之中，训练开始前，我们常常坐在更衣室里听着音乐，喝着马黛茶，在一片和谐而纯粹的氛围里谈天说地，自由自在。我觉得这才是朋友间最温馨的时刻。

对于马黛茶，我则深爱至极。这是一种南美的传统饮品，它继承了美洲印第安人瓜拉尼族 [①] 的文化。他们将巴拉圭马黛树叶制作成茶，马

---

① 瓜拉尼人是南美巴拉圭河和拉普拉塔河三角洲的主要原住居民，原称"卡里约人"或"卡里霍人"，现大多已和西方移民者、亚洲移民者融合。

黛茶在浸泡过程中会产生咖啡因，有令人兴奋的功效，并且对健康有益。

喝茶的时候，人们会把茶叶放在一个葫芦做的茶壶里，插上带滤网的金属吸管，然后就可以细细品味了。还多亏了卡洛斯·布埃诺，我才发现了这种富含维生素和矿物质的饮品。

在圣塞巴斯蒂安我举目无亲，孤身一人，因此他去哪儿我就跟到哪儿，甚至有时候还住在他家。我没有驾照，于是就搭他的车一起去训练。布埃诺经常喝马黛茶，每天我都看着他泡茶、喝茶，慢慢地我也尝试去品尝了一下。这种茶又苦又烫，实际上也没什么特别的味道。刚开始，我仅限于模仿他，后来才真正对它产生了兴趣。以至于他午休时，我就一边喝茶，一边看电视。

起初，我一点也不喜欢这种苦苦的味道，过了很长时间后才慢慢适应了这种舌尖上的刺激感。到现在，马黛茶已经成为我不可或缺的一部分。它就像咖啡一样，可以使我兴奋，我家里还有全套的茶具。

迭戈·戈丁在乌拉圭队进行的上百次选拔较量后成了他们的队长，就是他送给了我一整套的茶具，于是我便常常把马黛茶带去训练场，甚至还带去了克莱枫丹。就连在会议结束或者拍照的空当，我也会拿起标有我名字的葫芦抿上几口，湿湿嘴唇，喝完之后顿觉浑身轻松。

喝马黛茶这方面我渐渐成了行家，甚至超过了戈丁。冲泡的时候，我一定会注意不注入太多的水，就像茴香酒一样，以防底部的茶叶受热过多。其实每个人都有自己的技巧，但大同小异。

就其益处而言，马黛茶可以帮助清理身体，促进新陈代谢，并提供丰富的营养。每次比赛前我都会来上一杯，在马孔时我也喝。弟弟德欧在我的影响下也开始尝试，就连艾瑞卡也会跟着我们品上几口——除非茶太烫。天气变冷的时候，喝起马黛茶来就更有感觉了，一股暖意随着茶汤遍布全身。

我常去超市一大包一大包地买回来，有时也会去问问尼科·盖坦和戈丁，他们知道哪里可以找到这种茶。每天我都会喝上两到三次，不过它可不是毒品，即使一整天喝不到，我也完全可以接受。

我很感激卡洛斯·布埃诺，不仅仅是因为马黛茶。

2009 年夏天，布埃诺从祖国乌拉圭佩纳罗尔足球俱乐部信心十足地来到西班牙，不过他只在皇家社会打了一赛季。之前，他还曾效力巴黎圣日耳曼，并帮助球队赢得了 2006 年法国杯。在巴斯克短短的一个赛季，他凭借十二个进球帮助我们斩获西乙冠军。

卡洛斯比我大 11 岁，因此我开玩笑喊他"爸爸"。那时我 18 岁，他就像父亲一样保护着我，还给了我很多建议。我常常观察他，学习他用脚背打门的动作。虽然只有一米七八，但他的头球所向无敌。

卡洛斯是我最重要的队友，也是场上场下对我帮助最大的人，他教会了我很多东西，使我在门前变得更加机敏，更善于把握机会。我很欣赏他进攻时的动作。

整个赛季，我们是最有默契的一对，总是在比赛中寻找对方，彼此助攻破门。赛场上，他技术性稍弱一些，但他比我更有攻击性、更加活跃，他具有钢铁般的意志，善于滑地铲球而不接触对方。

有一次我与他争顶成功，对此我感觉无比骄傲，因为他的头球功夫实在了得，只要球到了他头上绝对百分百破门。我从他那里受到启发，从而不断完善自己，现在我也喜欢上了运用头球。我有较强的跳跃能力，并能敏锐捕捉时机，而他更值得称赞的是能够在禁区内不断移动中完美地完成打门的动作。他常会教我怎么处理球，为我演示。我仔细研究他的动作，并在网式足球训练中不断模仿，进而运用到比赛中。

直到36岁卡洛斯都没有退役，他现在在乌拉圭利物浦足球俱乐部里依然是进球最多的那一个。

我爱我的南美队友

我的"南美情结"使我对户外烧烤也产生了浓厚的兴趣。

阿根廷的牛肉大概称得上是世界上最优质的肉了，他们烤肉的技巧也成为生活中的一门艺术。我在这方面也颇为擅长，还在家里专门留出了一块地方来烧烤，我喜欢在那里招待朋友。

迭戈·戈丁也喜欢招待我们，烤肉这方面他是老大。我邀请他就是因为我知道他喜欢烧烤，利用这个机会，我还可以近距离地看他怎么更好地把肉铺开，烤其中的一面。

我喜欢这种轻松愉悦的氛围：烤架上的肉散发着阵阵香气，人们手里拿着酒杯，站在一起聊天，女人们也在一旁谈天说地，谁都不带手机。这一刻仿佛是上天额外的恩赐，一切世俗烦恼都变得与我们无关。

成为职业球员后，几乎每年我都会有一个乌拉圭队友，我很喜欢和他们在一起。他们乐观开朗，笑容总是挂在嘴边。我至今还没有去过乌拉圭这个国家，所以特别想去。

这个假期，我选择了去美国，是为了看一场 NBA 篮球赛。但是将来如果有时间，我一定会去一次乌拉圭，我喜欢他们的热情和淳朴。

迭戈·戈丁曾向我讲起过他和父亲去捕野猪的经历，他们会带上一暖瓶马黛茶，出去一整天，晚上带回各种野味，全家一起烤肉吃，听得我无比羡慕。

我把手机里 WhatsApp① 的头像设置成乌拉圭国旗，还从 YouTube 上学会了佩纳罗尔球迷的助威歌曲，因为卡洛斯·布埃诺就在那里踢球。

我在皇家社会的教练拉萨尔特也是乌拉圭人，他给了我很大的空间，也给予了我很多有用的建议，不仅仅是在足球方面。他的家人当时不在西班牙，所以他常常邀请我去他家里吃面条。他带我看解放者杯，让我见识到了南美足球激烈的对抗和不可思议的进球。南美的球员们骁勇善战，拼尽全力地奔跑、进攻、防守。

冈萨洛·卡斯特罗也是我非常喜欢的球员，我们都叫他"乔里"。

① WhatsApp：一款智能手机即时通信应用程序。

现在效力于马洛卡的他曾为蒙得维的亚市民赢得过三次乌拉圭联赛冠军。和其他乌拉圭人一样，他尽管年纪比我大，但看起来依然年轻。他爱开玩笑，为团队拼尽全力，给皇家社会带来了无尽的快乐。

乌拉圭队是一支非常出色的队伍，其中艾丁森·卡瓦尼是我最喜爱的前锋之一。我没有想到他能在巴黎圣日耳曼表现得如此出众。他是真正的 9 号终结者，堪称"门前杀手"。喜欢防御和逼抢的他最擅长无球跑动，即使没能成功打门，他也总能占据最有利的位置。卡瓦尼特别善于为自己和团队创造机会，这在赛场上尤为重要。看卡瓦尼的比赛时，我会仔细观察和学习他的每一个动作，从他身上我受益匪浅。

卡瓦尼的性格我也非常喜欢，我们并不相识，不过他曾通过推特邀请我喝马黛茶。和所有乌拉圭人一样，他也拥有榜样的力量，他可以拼尽全力为球队做出任何牺牲，而脸上永远挂着微笑。在世界杯比赛中，他和路易斯·苏亚雷斯一起脱颖而出。不过，相对于在世界杯中咬了意大利后卫的巴塞罗那前锋苏亚雷斯[①]而言，他要理智得多。

赛场上的我通常不会失控，即使在马孔踢球时，我也从未受到过一张红牌处罚，我甚至连黄牌也很少得。当然了，每个人都会有脾气，当我明明知道自己没有越位却被边裁吹哨时我也会发火，不过这种情况一

---

① 苏亚雷斯咬人事件：苏亚雷斯是一个极富有激情的射手，在赛场上充满活力，但往往无法控制自己的激情。2014 年世界杯期间，在乌拉圭与意大利的比赛中，苏亚雷斯遭遇意大利后卫的贴身防守，情急之下居然一口咬向意大利中卫基耶利尼的肩头，虽然逃过了当值主裁判的判罚，却被世界足联追加禁赛 4 个月。

般很快就过去了，因为我知道赛场上一切都要以比赛为重。

通常情况下，比赛越是关键，我就越冷静。有时候，对方的后卫会故意挑衅，可看我无动于衷也就慢慢放弃了。我很少抱怨，但像所有高水平球员一样，我也难以接受在比赛中丢球，同样也不能忍受在球场上毫无热情或者不全力以赴的球员。

在马竞备战季前赛的训练中，我就对一位年轻的球员发过火。他刚刚进入一队，认为最艰苦的还在后面。他像一个业余爱好者的表现让我完全无法忍受，我停下来对体能教练说道："让那边那个小子回更衣室洗澡吧！"结果两分钟后，他成了全场最出色的球员。

是的，我也有脾气暴躁的时候！从小时候起，球场上的我就拥有满腔热血，像一个真正的南美人一样。

第十二章

"希望之队"：
我和我的法国队

从失败中回望

梦想破灭的泪水需要时间来将其风干。里约热内卢的马拉卡纳体育场上，我心灰意冷，任由苦涩的泪水在脸颊滚落。我的紧张、不安和无助统统释放了出来，74000 名观众的掌声也无法抚平我内心的痛苦。

2014 年 7 月 4 日星期五，世界杯四分之一决赛场上，法国队被德国队淘汰出局，世界足球桂冠的梦想就这样突然硬生生地陨落，刹那间被德国队击得粉碎。因比赛而绷紧的神经渐渐松弛了下来，随之而来的失望瞬间将我湮没。

当五分钟的伤停补时走完，阿根廷裁判内斯托·皮卡纳用终场哨结束了这可怕的一战时，我除了放声大哭以外什么都做不了。哭出来是会好受一些，因为泪水除了讲述痛苦的经历，同时也代表着一种对未来的承诺。

比赛结果被宣布时，我像一个被施以重刑的躯壳，行尸走肉般站在赛场上，里奥·马武巴和其他伙伴都来安慰我，然而失落感是如此强烈，以至于我只能倒在他们的怀里不停地抽泣，用止不住的泪水诉说着比赛的残酷。我被打倒了，我们所有人被刚刚发生的一切打倒了。

更衣室里，主教练讲话时，大家的目光都只盯着地板，没有人敢抬头看他一眼。还记得从小组赛开始，每次他的讲话都会被阵阵掌声打断，然而这次没有。迪迪埃·德尚讲完话后，我们都说："我们在这里很好，我们不回去，在巴西就像在自己家一样……"

我们真的不愿意回去，因为躲在这里就可以不用去面对那些曾对我们抱有巨大期望的人们……

晚上，我在推特上写下了自己的感受："难以形容的悲伤，但还是为我们在世界杯的表现而骄傲，我们一定会以更强的姿态回归。"这里的回归，我指的是 2016 年的欧洲杯。

从网上的照片和视频里，我看到在数万千米之外的祖国，无数民众涌上街头，通过大屏幕观看我们的比赛。想到这些，我的心里就有一种强烈的满足感，因为是我们让整个国家为我们而欢呼，为我们而震动。

四分之一决赛已成定局，人人都渴望成功的喜悦，可现实却是残酷的。不过在这场比赛中，我们也曾创造了很多机会，没有理由就此倒下，因为未来还有无数的可能在等着我们。世界杯结束了，带着一种未尽的失落感，我们心情十分沉痛地离开了圣保罗州黑河市的基地。从 6 月 9 日起，我们就来到了这里，转眼间，一切都结束了。

我喜欢这身蓝色球衣和它所包含的意义，穿上它是一种荣誉的象征。

19 岁生日后的第十九天，我第一次荣幸地穿上了代表法国的蓝色球衣，那时我还在皇家社会打西乙联赛。后来，成为法国队的首发队员后，我开始频频进球得分。

2010 年 3 月 2 日，在卢瓦雷省圣让德布赖埃的一场友谊赛中，法国队 U-19 主教练弗朗西斯·斯梅雷茨基让我首发对阵乌克兰队，这一幕令我难以忘记。

比赛在珀蒂布瓦体育中心举行，入场是免费的。我和雅尼斯·塔菲尔司职前锋，队长吉勒·苏努紧随其后。就像平时训练的那样，在场上我们采取压迫式打法，有层次地连续进攻，尽管如此，这场友谊赛仍以 0：0 收场。

我打满了全场，和队友们都很默契，只是和新来的门前小将阿卜杜拉迪亚洛还有些生疏。两天后，在卢瓦雷，我们以 2：1 战胜了同样的对手。亚历山大·拉卡泽特首开纪录为我们打开了胜利之门，第 69 分钟我将他换下，并在 19 分钟后以一记远射为法国队锁定了胜利。

这场完美的预热赛后，我们就开始了由法国举办的下诺曼底 U-19 欧青杯的征程。我总共上场五次，首战 4：1 败于荷兰队后，我在对战奥地利队的比赛中独中两元，将我们的比分定格在 5：0；小组赛最后一场以 1：1 战平英国队的比赛中，我在最后 25 分钟上场；与克罗地亚的半决赛我打满了全场，并且我们以 2：1 的战绩成功晋级决赛。

7 月 30 日，在米歇尔·多尔纳诺球场对战西班牙的决赛中，我再一次作为首发队员上场，吉勒·苏努和亚历山大·拉卡泽特的两粒进球让我们以 2：1 摘得了欧洲桂冠。我们终于品尝到了成功的喜悦，但于我而言还夹杂着些许的苦涩：第一次攻门，我的脚就扭伤了，脚踝肿了起来，中场时教练不得不将我换下。不过当我和古埃达·福法纳①一同举起欧青赛的冠军奖杯时，一切苦痛都烟消云散了。

生于 1991 年的这一代法国球员有着骄傲的资本。我们有强壮的后卫洛伊克·内戈和蒂莫泰·科沃杰伊恰克，中场有弗朗西斯·科奎林和福法纳，前锋有拉卡泽特和塞德里克·巴坎布，但最让我印象深刻的是司职中锋的盖尔·卡库塔。

卡库塔比我矮两厘米，16 岁时从朗斯去往切尔西，2009 年 11 月曾在英超联赛中代替尼古拉·阿内卡尔对抗狼队。他的意大利教练卡洛·安切洛蒂评价他说："他很有天赋，性格也非常好。这个年龄的运动员，我还从未见过像他这样天赋异禀的。他不是特别强壮，但是论技巧，他绝对是个称职的球员。"

我赞同安切洛蒂的说法，我也很少见到如此犀利的球员，能在加速和移动中表现得如此与众不同。

2017 年 1 月，卡库塔被中国河北华夏幸福②租借至拉科鲁尼亚效力

---

① 2017 年 1 月 18 日，经过三年与右脚踝伤病的抗争后，年仅 25 岁的福法纳宣布结束运动生涯。世青赛后将他签下的奥林匹克里昂俱乐部建议他继续留在俱乐部从事其他工作。在福法纳宣布因"无法继续踢球"而退役后，格里兹曼在推特上发文："无比怀念我在法国青年队的队长，愿他接下来的生活一切顺利。"

② 华夏幸福俱乐部，中超球队，原驻地为海滨城市秦皇岛，后转移到北京附近的廊坊。2016 年，华夏幸福以 600 万美元的价格从西甲塞维利亚俱乐部将卡库塔购入，但因其无法适应中超后又将其租借回了欧洲。

一个赛季。之前，他还曾被租借到富勒姆、博尔顿漫游、法甲第戎、荷甲维特斯、意甲拉齐奥、西甲巴列卡诺以及塞维利亚。在这么多球队中都没有机会真正施展他的才华，获取他应有的成功，实在让人遗憾！

我有幸在皇家社会队大显身手，而他却没有这样的幸运。盖尔是一个与众不同的球员，在 2011 年夏天在哥伦比亚举行的 U-20 世界杯[①]中，他就是法国青年队的领军人物之一。

U-20 世界杯

2011 年 7 月 30 日 U-20 世界杯的揭幕赛，我们在波哥大的 42000 名观众面前以 1 ：4 惨败于东道主哥伦比亚队。这 4 粒进球中有 1 粒来自他们的队长哈梅斯·罗德里格斯，后来他凭借在 2014 年世界杯中的 6 粒进球被皇马以 8000 万欧元收入麾下。

三天后，还是在波哥大，我们以 3 ：1 战胜了韩国。和之前的比赛

---

① 国际足联 U-20 世界杯（英文：FIFA U-20 World Cup，原名 FIFA World Youth Championship），是 20 岁以下男子的国际足联世界青年足球锦标赛，经常被称为"世青赛"或"世青杯"。

一样，我前 83 分钟都在场上。

接下来的 8 月 5 日，在卡利我们又以 2：0 战胜了马里，并晋级八分之一决赛，不过我依然没能为自己打开进球账户。

这届比赛中球队里的气氛非常好，我们相互之间几乎都非常熟悉，一年前 U-19 欧青赛的胜利拉近了我们的距离。我们有着共同的兴奋点，整个团队笑声不断，不过这丝毫没有影响到这支队伍的纪律性。

2004 年加入国家技术指导中心的教练弗朗西斯·斯梅雷茨基对我们要求非常严格，有一点像在军队里一样。在哥伦比亚的时候，世界杯开赛前几天，我和拉卡泽特住在同一个房间里。一天晚上，卡库塔和内戈邀请我们去他们的房间。大家一起聊着天，嬉笑打闹，竟没有察觉我们的笑声已经在整个楼层回荡。

住在隔壁的教练实在忍无可忍，跑出来敲我们的门。亚历山大去开门的时候，盖尔反射性地一个激灵跳起来钻到了床底下。

"出来，离开这个房间！"教练大喊。当时已过午夜，但全队人都被叫醒，所有球员在酒店长长的走廊里排成一列，教练以军人般的口吻训道："现在，所有人回自己房间去，明天我们将有一场非常重要的比赛，所以现在全都给我去睡觉。我再重申一遍，你们没有权利到其他人的房间！"老实讲，我们并没有严格地遵守这条命令。

队员们饱满的情绪和在世界杯中成为黑马的信念在这段日子里成就了我们无与伦比的集体主义精神。

八分之一决赛中，我们在卡塔赫纳淘汰了厄瓜多尔。第 75 分钟，福法纳开出球后，我先是将球打在了左边的门柱上，随后又补射破门，打入了全场的唯一进球，一分钟后光荣下场。

在卡利的四分之一决赛加时赛后，尼日利亚以 2 ：3 拱手让出了半决赛的资格。U-20 世界杯自 1977 年举办以来，这是法国队首次挺进四分之一决赛，然而不幸的是，很快葡萄牙队就将我们高涨的热情浇灭了。

2011 年 8 月 17 日的半决赛中，我们在麦德林 4 万多名观众面前以 0 ：2 惨败。这次比赛，我打满了全场。整个赛程紧张惊险，哨声不断，七张黄牌成了评论员们的焦点。

后来在面对墨西哥时，即使拉卡泽特以一粒进球为我们打开了局面，但最终我们还是以 1 ：3 遗恨赛场，结束了此次波哥大的征程。凭借 5 粒进球，拉卡泽特获得了本届世青赛的铜靴奖。

我很喜欢和拉卡泽特一起踢球，不管是在训练场上还是在比赛中，我们总是在寻找彼此，可能有一点点过头了。

有一次，吉勒·苏努忍不住怒吼道："该死的，就你们两个人踢球啊，你们也得传给别人啊！"他说得很有道理，不过看到这个大家伙发火的样子，我们都忍不住笑了。其他伙伴也和他有一样的想法，这还险些破坏了球队的团结。

整个 U-20 留给我的都是美好的回忆，我们前进的每一步都并非偶然。在备战期间，为了适应哥伦比亚的海拔、饮食和调整睡眠，我们在秘鲁打了好几场友谊赛，接下来的 7 月份，在蒂涅山脚下又开始了高强度的训练。在萨伏依——海拔 2100 米的地方，我们除了在球场上挥洒汗水，还要天天绕湖骑自行车和跑步。

赛后，我又重新回到了法国青年队。

进入国家队

第一次在法国队升级是在 2010 年 11 月，那是一场在芒斯举办的对瑞典的友谊赛，埃里克·蒙巴埃尔将我召入法国 U-21 青年队中。继 2008 年勒内·热拉尔离开法国青年队之后，蒙巴埃尔便成了 U-21 青年队的主教练。

当时的法国 U-21 队中我认识的人并不多，我想正好可以借助比赛的机会与大家相互熟悉。

比赛第 62 分钟时，我和埃玛纽埃尔·里维埃以及埃利亚奎姆·曼加拉一起上场，队长是穆萨·西索科，结果我们以 0：1 告负。三个月后，我再次被召回参加在兰斯对战西班牙的友谊赛，在这场 3：2 的胜利中，我得以首发上阵。

哥伦比亚 U-20 世界杯后的 10 月，我同法国青年队在克莱蒙费朗再次会合，并在接下来的欧青杯预选赛中打赢了哈萨克斯坦。比赛最后 20 分钟，我换下盖尔·卡库塔后，在哈萨克斯坦的阿斯卡纳球场留下了我精彩的进球和一次关键性的助攻。我的技术并非无可指摘，但我尽可能做到了最好。

为了获得2013年在以色列举行的夏季欧洲青年锦标赛的决赛资格，我们需要在最后的晋级赛中拿下挪威。对手看起来似乎在我们的掌控范围内，可结果却不尽如人意。不论是在勒阿弗尔，还是在四天后的德拉门，我都没能首发进球。

2012年10月的这次淘汰给我留下了不可磨灭的印记，两次比赛之间的夜间外出也对我的职业生涯造成了前所未有的影响。法国足联纪律委员会禁止我参加所有的国家队选拔赛，一直到2013年12月31日。

球员的级别越高，惩罚便越严厉，这是必须的，尤其是国家队。在克莱枫丹国家足球培训中心，我和青年队一起参观了这里的城堡和基础设施，我希望自己将来也能成为法国国家队的一员。

比赛结束后，我还去米歇尔·普拉蒂尼球场偷看他们训练。我知道主教练洛朗·布兰克在关注着我，因为是他在一份五十多个名字的长名单中将我预招入队。

我仔细观察卡里姆·本泽马在球门前的动作，他每一脚都准确无误地将球送到了球网的深处，这让我惊叹不已。我不禁对自己说："看来我得加油了，我差他们太远啦！"

禁赛的那段时间里，我在皇家社会拼尽全力，虽然不太相信自己还有机会前往巴西世界杯，但脑子里还是忍不住去想。

世界杯预选赛，法国队在迪迪埃·德尚的带领下返回主场后扭转局势，击败乌克兰夺得了入场券。接下来，2014 年的第一场比赛将是与荷兰队在圣德尼运动场的友谊赛。

比赛之前，我在西甲凭借 15 个进球，成为继迭戈·科斯塔和 C 罗之后排名第三的射手，并与队友一起成功打入欧冠联赛。我的名字也频频出现在媒体的报道中，重回法国队似乎又变为了可能。

埃里克也告诉我，我或许会在这一场比赛中被重新召回。参赛名单出来的前几天，他让我注意接听电话，并确认已经应他的要求将我的电话号码给了迪迪埃·德尚。我一整天都守着电话，生怕会错过。终于电话打来了，当时我正在开车，我赶忙把车停在了路边，打开双闪，努力让自己平静下来。

教练说了些宽慰的话，并对我表示理解，我很感动。即使他没有给我什么承诺，我却已经欣喜若狂，还把这件事告知了我的父母和弟弟。在这通电话的激励下，我在周末的赛场上热情高涨，迫不及待地想要大显身手。

俱乐部收到召集令后把它交给了埃里克，让他先别告诉我以免干扰我比赛，而其实他早就通知过我了。虽然事情已成定局，可我还是不放心——我一定要在电视屏幕上看到我的名字才行。

宣布名单的那天，也就是 2014 年 2 月 27 日中午，我火速从训练场赶回家，坐在沙发上一动不动地盯着电视。我看到了迪迪埃·德尚在法国足协的巴黎驻地，开始一个一个地按照职位和字母顺序，公布 3 月 5 日迎战荷兰队的球员名单。

前锋球员，他念到了卡里姆·本泽马和奥利维尔·吉鲁的名字，按照字母顺序下一个就应该是我了。果然，我的名字出现了！在我之后，还有迪米特里·帕耶，卢瓦克·雷米，弗兰克·里贝里和马蒂乌·瓦尔布埃纳。

介绍我的时候他说道："他在俱乐部里有出色的表现，进球的数目让人惊叹，进攻中适应于任何位置，在边路和中路都能应对自如，技巧运用准确。"

当我的名字出现在电视上时，我忍不住大声欢呼起来，并立刻打电话给我的父母。听到母亲接起电话后，我竟一时语塞，结结巴巴不知道要说什么。我哭了，流下了喜悦的泪水，根本连一句话都说不出来。"我终于做到了！"我在心灵深处呐喊着。

长久以来各种负面的评论让我身心疲惫，不论是在马孔，还是在别的地方，那些令人不快的言论让我和我的父母备受折磨，网络上甚至有文章声称我不配成为法国国家队的一员。这一次选拔终于让我卸下重负，感到了慰藉。

当然了，这只是一次全新的开始，未来的路还需要我自己去争取，更艰苦的征程还在后面，容不得半点懈怠。我暗下决心，一定要勤勤恳恳、坚持不懈，不能再错过这趟高速"列车"，我要与法国队永不分离。

国家队新人礼

在克莱枫丹，我和另一位新成员卢卡斯·迪涅住在一个房间，每人有一张小床。我还参加了我在法国队的第一场新闻发布会，感觉非常自然，并不怎么紧张，只是不断提醒自己别说太多法语，生怕不小心说错了话。

我讲得最多的依然还是西班牙语，这样更加流畅、自然。回答问题的时候，我常常不假思索，我并没有遇到有陷阱的问题，所以新闻部负责人菲利普·图尔农也不需要时刻提醒我。

我表示为自己能来到国家队而感到幸运，同时也没有让自己处在过大的压力之中。禁赛令促使我变得更好，使我成为一个全新的自己。至于我的位置，在皇家社会时我偏向于左边锋，但如今在国家队这个位置属于弗兰克·里贝里，所以我会听从教练的安排。不论教练把我安排在哪里，我都会全力以赴。如果需要，我也可以去当守门员。

我还补充说，我的集体观念很强，会把球队的利益放在首位，需要时会毫不犹豫地把球传出去，而不会为了自己得分赌上整个球队。

第一次训练时，我就见到了通常只能在电视上看到的弗兰克·里贝里、雨果·洛里斯、卡里姆·本泽马和帕特里斯·埃夫拉，我的心里无比激动。对于我来说一切都是新的，我不再开玩笑，精神高度集中，努力去适应，力求做到最好。我们接受的都是最高水平的训练，进展飞快，但我喜欢这样。

不过，我还是不免有些拘谨，我总是站在人群的最后，并时刻提醒自己不做蠢事，注意言行，甚至在更衣室里也会小心翼翼。不过我还是很受欢迎的，在这里的感觉很好，偶尔也会开个小玩笑，但绝对不会过火，因为我还是有点害羞。

在对战荷兰之前，我还必须通过一个考验。对我来说，这项考验比在5万名观众面前踢球更加困难，更让人难以忘记：第一顿晚餐时，新队员必须站在椅子上唱歌，然后再被系着白色餐巾的队友们团团围住。这是法国队的一项传统，可对于平时从不唱歌的我来说，这种善意的"捉弄"实在让我苦不堪言。

逃是逃不掉的，于是我只好硬着头皮选了一首《班巴》，觉得没有人能听出我唱错或者是忘了词。后来我才知道，我欣赏的球员埃丁森·卡瓦尼在加入巴黎圣日耳曼时也选择了这首歌。

这是一首带有古老墨西哥传统韵味的歌曲，1987年电影《班巴》上映时，由"灰狼一族"乐队演唱。电影讲述的是里奇·瓦伦斯的一生。1959年，这首歌在他的加工整理下成为全世界的流行歌曲，那时他才17岁。几个月后，他在一场飞行事故中不幸身亡，同行参加巡回演出的其他两名音乐家巴迪·霍利和"大比波普"也未能幸免。

再说回到晚餐，餐桌上我浑身不自在，在埃夫拉、里贝里和本泽马面前唱歌简直是一种煎熬。我坐在雨果·洛里斯和拉斐尔·瓦拉内中间，快要上甜点的时候，他们就开始用勺子轻轻敲着酒杯，这个信号表示新人们要开始唱歌了。

我的脸上顿时冒出几滴汗珠，我没让卢卡斯·迪涅先开始，因为我想早点解脱。我满脸通红，站在椅子上，握紧一个酒瓶放在嘴边当作麦克风，开始唱道："想跳班巴舞啊，需要一点点潇洒，来吧，来吧，我会为了你而跳，我不是那水手，我是船长……"

这 30 秒对我来说就像永远不会结束一样。好在快结尾的时候，队里的技术人员和医疗人员都跟着我一起轻声哼唱，终于换来了阵阵掌声。要是唱得不过关的话，队员们就会报以嘘声或是把餐巾扔在地上，那将是多么难堪啊！

晚上躺在床上，我感觉很好，内心非常平静。这个看似平常的仪式却标志着我的职业生涯正式走上了国际舞台。随着我的资历变老，现在我也能取笑一下新来的球员，在晚餐中盯着即将要表演的人看，讲一些让他们感到不自在的小故事。

我"复仇"的方式就是把我所遭受过的让他们也都经历一遍，他们必须在众人的聚焦下，心情愉悦地接受来自老队员的"捉弄"。这确实是比较难熬的时刻，有些人手足无措不知该如何是好。想逃是不可能的，就连教练都会提醒你，一脸阴险地小声对你说："今晚你要唱歌，好好准备一下……"

不过对于有些球员来说，这根本就是小菜一碟，比如说奥斯曼·登贝莱。他只有 19 岁，2016 年 8 月末应召入队，参加与意大利和白俄罗斯的世界杯预选赛。在晚餐时，他唱了一首《橄榄与汤姆》的片头曲。这是一部日本的系列动画片，主人公是一位年轻的足球运动员。他表现得非常自如，站着唱了一会儿后，就开始绕着桌子边跑边唱。

世界杯前的准备

歌唱得好纵然不错，但球踢得好才是王道。2014 年 3 月 5 日，迎战荷兰的那一天是我妻子艾瑞卡的生日，我被指定为首发队员——这对新人来说是很少见的，说明我取得了教练的信任。

当《马赛曲》回荡在赛场上空时，我的心为之一震，忍不住热泪盈眶。为了不让眼泪掉下来，我一直抬头看着天空。我怀着激动的心情在法兰西体育场的看台上搜寻着，人山人海中根本找不到父母的身影。

我没有特别紧张，拼尽全力做到最好。为了不分散精力，我没有太大范围地跑动。上半场结束时，法国队凭借卡里姆·本泽马和布莱瑟·马图伊迪的进球以 2∶0 暂时领先。我也有过一次机会，当时我突破防守，只身来到贾斯珀·西莱森的球门前，可惜没有将球控制好，错失了得分的机会。

比赛第 68 分钟时，我被卢瓦克·雷米换下场。当时弗兰克·里贝里刚刚换下马蒂乌·瓦尔布埃纳上场，我只和他一起踢了 6 分钟。

2014 年 3 月 5 日，这一天不仅是艾瑞卡的生日，还是我在国家队的首秀，就在我 23 岁的第 16 天，这真是绝妙的一天。我对于自己在场上的表现比较满意，符合我的预期。我没有做任何有损团队的事，可以说全力以赴了。

法国《队报》给了我 5 分（满分 6 分），认为我可以做得更好。但我从来不看报纸上的评论，因为这一场球到底踢得如何，我心里一清二楚。

我真希望那场比赛中自己可以得分，因为这是德尚公布去巴西参赛球员名单前的最后一场比赛。赛前他对我们说："名单还没有确定，但是能去那里参加比赛的人无疑会拥有更好的机会。"

德尚告诉我首先要找到乐趣，就像在俱乐部里踢球一样，除此之外什么都别想。

在皇家社会，随着时间的流逝，我的感觉越来越好，我迫切想要重新回到法国队。然而有几场比赛中，我没能发挥到最好，于是粉丝们便开始表现出对我的不满，说我为了参加法国队的比赛而有所保留。

我不希望自己走下坡路，我也一定不会，我不是一个一成不变的球员，我一直在改变。也许从表面上看我很放松，可实际上我给了自己非常大的压力。我期待着自己出现在那份 23 人的名单当中，也许有的比赛中我做得不够好，但我一定会毫无保留地为俱乐部拼尽全力。

埃里克认为我已经稳操胜券，他对我说"你应该已经在名单里了"，并鼓励我继续努力。我知道德尚即将宣布一个大名单，但我希望我是在23个人里面，而不是在后备人选里。终于，我如愿以偿了。

5月13日主教练公布了他最终的选择，那天我坐在电视机前，心跳加速，眼睛一眨不眨地盯着屏幕，直到看到我的名字和照片出现在6名前锋的名单里。那一刻我高兴极了，备感自豪的同时也觉得如释重负，长长地舒了一口气。

教练一共提到了30个人的名字，其中7位作为候补队员陪同我们一起备战世界杯。终于成功了，我就要去巴西了，一个我从来没去过的地方，我已经迫不及待地想要证明给教练看他的选择是对的。

在去南美洲之前，我们将进行三场友谊赛，以便将球队调整到最完美的状态。2014年5月27日，我们要在法兰西体育场对战挪威队，6月1日，我们将在尼斯对战巴拉圭，以及6月8日在里尔对战牙买加。

第一场对抗中，我再次作为首发队员上场，第64分钟时被卢瓦克·雷米换下。他为我们打进了四个进球中的第三个。

五天后，我们转战安联里维埃拉球场，35200名观众的到场打破了球场的上座纪录。这一次，我身披11号战袍在第64分钟时换下卢瓦克·雷米。18分钟后，我便打入了在法国队的第一粒进球！

右侧角球开出来后，奥利维尔·吉鲁头球攻门被挡了出来，劳伦特·科斯切尔尼扑上前将球回传给我。我在禁区左角处用我不擅长的右脚将球打出，球从巴拉圭所有防守人员的头顶越过落入网中。发力时我的支撑脚后错，这样一来，打门的力量就稍稍弱了一些，但不管怎样，球进了。我开心极了，用一个滑跪在球场上尽情享受这一美妙时刻，并和观众一起喊着"加油，加油"。

比赛快结束时，维克多·卡塞雷斯的一记头球将比分追平，最终双方以 1：1 结束了战斗。但这丝毫没有减弱我高涨的情绪，在更衣室里，我只有一个想法，那就是回到赛场上去。

其实我们也无需再等，牙买加队早已在阿斯克新城的皮埃尔·莫鲁瓦球场摩拳擦掌、严阵以待了。这场比赛的第 71 分钟，我换下奥利维尔·吉鲁来到场上，在当时已经是 6：0 的悬殊大比分下，我又以两个进球顺利结束了这场精彩的"表演"。

我的第一个球来自卡里姆·本泽马的助攻，第二个是穆萨·西索科横推传中后，被我用一记马杰尔式的脚后跟击球法将球送入网中。

来到巴西

经过 15 个小时的飞行和一次中转，我们到达了里贝朗·普雷图。这是一个距离圣保罗东北方向 300 千米的城市，它一共拥有 60 万居民。

法国队把训练基地安排在了这里。

JP酒店（巴西人读作"Jotapé"）成为法国队的专属酒店，其布置装饰采用了蓝白红三色，给人以舒适、愉悦的感觉。酒店工作人员给予了我们细致入微的服务，每次回来时，他们都会排成一列向我们致礼，并鼓掌欢迎。

训练通常在下午4点开始，所以我们大多数时间都会在体疗室和按摩师待在一起。趁着这段时间，队员们一起聊天、打闹、看比赛。为了打发时间，我带了游戏机，还有一套套的DVD。

开赛前，我们还用两台电视进行FIFA游戏对抗赛，并且还有赌注。大家肆无忌惮地叫喊，常常玩到很晚，直到有一天游戏被教练喊停，因为他觉得这样会消耗我们的精力。不得不说，我们的确喊得太大声了。

我们生活在自己的世界里，无比放松，但又野心勃勃。正式比赛的前一天，迪迪埃·德尚通知我，我将作为首发球员在第一场比赛中对战洪都拉斯，这让我不由得紧张了起来。

在平常我总是很快就能入睡，可这次我不得不让医生用药片来帮助我更好地休息①。美美地睡了一觉后，我怀着激动的心情睁开双眼，时间来到了2014年6月15日。

---

① 很多人在面对一些重大事件之前，都会陷入严重的紧张状态。为了缓解这种状态，心理学家和医学家发明了一些可以让人放松的神经性药物，这种药物类似于镇定剂。事实上，很多运动员、演员在参与重大事务的时候，都曾服用过类似的药物。

在阿雷格里港的贝拉里奥体育场上，我和卡里姆·本泽马一起司职前锋。开赛前奏国歌的时候，球场上传来一阵卡带的声音——我们的《马赛曲》没正常播放出来。音响设备居然在这个时候出故障了！我们互相看着，一脸窘迫，虽然不知道是什么原因，可这个小插曲还是影响了我们的情绪。

就在这时，看台上忽然响起"前进，祖国的儿女"的歌声，歌声响彻球场——那是我们的球迷们，是他们让我听到了我们的《马赛曲》。

比赛开始了，我们第一次进攻，紧接着第二次、第三次。按照这样的节奏，我相信我们一定能拿下世界杯的第一块蛋糕。我打满了整场比赛，最终凭借本泽马的梅开二度和洪都拉斯的一个乌龙球，我们以3：0首战告捷。

五天之后，在萨尔瓦多与瑞士争夺小组第一的比赛中，法国队一度以5：0领先。第81分钟时，瑞士队将比分差缩小，一分钟后我上场换下了马蒂乌·瓦尔布埃纳，最终我们获得了胜利。

两场比赛我们共得6分，这样就已经能够成功晋级八分之一决赛了。之后我还在里约热内卢马拉卡纳球场对战厄瓜多尔队的比赛中上场79分钟，只是一直都未能破门得分。本来我是有机会打开局面的，可惜在我用左脚外脚背门前垫射后，球被门将挡到了门柱上。

当时我的父母也在巴西，看了法国队的每一场比赛，他们把这当作是一次旅游。在对战厄瓜多尔的那场比赛前，我去看了我的父母。那天我们穿好队服、登上大巴车前，我收到了父亲发来的短信，他说："我们就在看台最下面，有时间的话来和我们打个招呼。"

我在茫茫的法国"三色"球迷中找到了我的父母，可是我们只有几秒钟的时间，只够打个招呼。不过只要能看见他们，哪怕就一眼，也让我备感心安。

接下来是与尼日利亚队的角逐，如果失败就意味着出局，但我们不想离开。

比赛在可容纳 7 万名观众的巴西利亚国家体育场举行，这个超级现代化的体育场是专门为世界杯而重建的。球场设计得非常漂亮，让人过目不忘。快接近球场时，我们在道路尽头转弯后，一座雄伟的建筑突然间映入眼帘，仿佛凭空出现一般，越走近它，就越能感受到它的壮观。

比赛从晚上 6 点开始，天气非常炎热，空气也特别潮湿。热身时，卡里姆·本泽马走过来满怀激情地鼓励几个队员说："如果我们想赢，就必须全力以赴！"

卡里姆是一个稳重的人，甚至可以说沉默寡言，他会给人留下一种冷漠的印象，就好像任何人都与他无关，但这并不是真的。他不怎么表达自己，但当他感觉队友需要他时，他一定会主动上前询问。

卡里姆是个很酷的家伙，他喜欢听音乐，偶尔也开玩笑。他同时也是个工作狂，无论在训练场，还是在体育馆，他一直都精益求精。他是伟大的前锋，是我们的榜样。在他身边，我得到了很多有用的建议，甚至只是看他比赛都能学到很多东西。

当年在热尔兰体育场，我满怀敬意地看他的比赛。如今不论是在赛场上，还是在生活中，我依然喜欢追随着他，因为有他在，事情都会变得简单。

八分之一决赛时，我没能首发上场。场上的气氛非常紧张，我也忍不住捏着一把汗，坐在我旁边的米歇尔·朗德鲁和摩根·施奈德林也有同样的感觉。我专注地观看着比赛，每当有激烈争抢时都会忍不住站起来。场上比分一直都是 0∶0，双方都未进球。过了一会儿，教练让他的助理盖伊·斯蒂芬通知我去热身。场上紧张的气氛愈演愈烈，现场中立的巴西球迷明显在支持尼日利亚。

我沿着边线加速热身，并不断朝替补席望去，看迪迪埃·德尚是否需要我。几分钟后，我看到盖伊·斯蒂芬向我做了个手势——我上场的时刻到了！我的心跳开始加速，迅速脱掉 T 恤，在第 62 分钟时上场换下奥利维尔·吉鲁。

在第 79 分钟，马蒂乌·瓦尔布埃纳开出角球后，保罗·博格巴后点头球将球送入空门。5 分钟以后，我前插到尼日利亚防守背后，获得了一个绝佳的机会，左脚大力轰门，可惜球被守门员用右手挡了出来。进入补时阶段后，对方门将也开始出现失误。瓦尔布埃纳和本泽马配合战术角球，瓦尔布埃纳擦着地面把球传中到第一个球门柱。我冲上前去想射门，可惜没碰到球。反而是尼日利亚的后卫约瑟夫·雅博在混乱中碰触到了球，并误将球送入到自己的门中。

约瑟夫·雅博也是我非常欣赏的球员，不过这次却帮了我们的忙。裁判的哨声宣布，法国队进入四分之一决赛，我们的梦想得以继续。下一个对手是令人生畏的德国队，在所有对手里，我们认为如果能把德国队打败，那就一定能走到最后。

告别世界杯

乘大巴前往马拉卡纳球场时，我们可以远远地看到科尔科瓦多山顶上巨大的里约热内卢基督像，那是巴西最热门的景点！这也许是个不错的安息之地，不过我们更愿意在此拼死一搏。

比赛进行得很激烈。在进攻时，奥利维尔·吉鲁总是把球传给我，这给了我很多机会。场上比分为 0 : 0 时，我接到了一个好球，但没有射门，而是想着交给本泽马。如果是放在今天，遇到这种情况，我一定会毫不犹豫地射门。

比赛前夜，迪迪埃·德尚提醒我们要留意德国队球员的支撑脚，它们很擅长用它来突然打门。我们记在心里了。尽管如此，在第 13 分钟时，托尼·克洛斯左路的任意球开出后，位于拉斐尔·瓦拉内前方的胡梅尔斯还是利用雨果·洛里斯的一个失误，头球破门。

我们立刻意识到局势变得复杂了，之后我们拼尽全力，也为自己创造了不少机会，却都无果。德国的防守得益于他们强大的门将曼努埃尔·诺伊尔，世界杯之初他就表现出了一个门神的特质。他是球门前坚不可摧的铁壁，仿佛可以拦下全世界。

感觉不论比赛持续多少个小时，我们都无法攻破诺伊尔身后的那个门。我深入禁区，打对角线，想尽办法可全都是徒劳。本泽马在禁区边缘距球门 6 米处小角度大力射门，诺伊尔似乎一动不动就将球没收，这令我们瞠目结舌。

我们本以为可以战平德国队的，但现在只能眼睁睁地看着他们进入半决赛。我无法抑制我的泪水，忍不住在赛场上抽泣起来。整个世界杯期间，我和在俱乐部时一样，司职左边锋，离球门很远，结果是一粒球都没有打入。值得欣慰的是，我这么多年的积累都得以施展，更加深刻地体会了撞墙配合，并认识到不管是"两翼包抄"还是"传中"，最关键的在于脚下的不断移动。

离开这些伙伴让我一时难以接受，我们共同度过了最难忘的时光，简单而美好，已经记不得有多少次在晚餐后嬉闹到天翻地覆。

我不记得我们之间有过任何争吵，仅有的几次紧张气氛也是由于有些人在训练中没有做好。每个人都在为球队拼尽全力。

洛里斯和埃弗拉是我们的领头人，队长洛里斯看起来比较温和，但千万不要被他的外表迷惑。他很少讲话，可一旦发话，所有人都得听他的。

埃弗拉是个嘻嘻哈哈爱开玩笑的人，就像团队里的和事佬。他总是在说话，就连热身时也是，所以偶尔会惹得大家心烦。他比我们大十岁，

2004 年开始为法国队效力。和大多数人一样，来法国队之前，我也会在心里给一些球员贴上标签，比如谁比较严肃，谁会扰乱队伍等。然而埃弗拉与我想象中的他完全不同，在他身上我一点都看不出南非世界杯队长的影子。更衣室里，他笑话不断，无比风趣幽默。他的幽默感无以复制，球队里每个人的绰号都来自他的"馈赠"。他管我叫"Grizou"（格祖），这个绰号一直保留到今天。

在克莱枫丹的时候，我总跟在埃弗拉身边，也常常被他的笑话包围。但一到球场上，他便立刻严肃起来，他是第一个为我提出站位建议的人，认识他真的是一个惊喜！

至于年轻一代，我常常和保罗·博格巴以及拉斐尔·瓦拉内在一起。拉斐尔比我小很多，但他很成熟，也很安静。刚刚加入法国队时，他一直扮演着我的保护人的角色，总是让我备感心安。我们经常一起交流。比赛期间，如果两人一组打配合，我们一定是一组。

保罗则很像我，喜欢逗趣、玩笑，不过他也喜欢唱歌和跳舞，这方面我就没他那么游刃有余了。我把很多时间花在了游戏机上，他则不太喜欢。

渐渐地，保罗成了我真正的朋友。我对他说，如果他在曼彻斯特有一两天的空闲时间就来马德里找我，也认识一下艾瑞卡和我常常提起的女儿米娅。他就像是我的家人一样。

巴西世界杯败给德国队后，保罗也和我一样伤心不已，不愿意回法国，可又不得不回去。起初的几天，比赛的所有细节还不停地在我的脑子里回放，电视上也都是有关法国队的报道。我在马孔看了德国队和阿根廷队的比赛后就和家人去往土耳其度假。我试着摆脱这一切，可是真的很难。而且在那个夏天还要商议转会马德里竞技的事，总之，这个假期我过得并不轻松，要考虑的事情太多了。

对于大部分观众来说，在这次世界杯上我是作为法国队的新星出现在公众视野中的，是团队新鲜的血液，但我并没有这种感觉。在这个队伍里我没有感觉到自己的分量，我通常只上场一个小时，然后第一个被换下场。教练告诉我的东西我通通接受，并在训练中努力证明自己，但我仍缺乏一个对自己准确的定位。

回到联赛中，在马德里竞技的几场比赛中，我对自己的表现还是很满意的。我想要让自己的运动生涯得以提升，因为我感觉自己还没达到巅峰状态。就目前来看，不论在俱乐部，还是在国家队的选拔中，我都不是无可争议的球员。

在西班牙超级杯对战皇马的比赛中，我为马里奥·曼祖基奇贡献了一次决定性的助攻。十天以后，也就是2014年9月4日，我有幸第十次入选法国队，在国际友谊赛中迎战西班牙队。

自2006年世界杯大胜西班牙后，八年来法国队就再也没有在两队的比赛中占据过优势。那一天法兰西体育场人头攒动，一片欢腾。这是继世界杯四分之一决赛后我们首次亮相，我得以首发出场，但还不到一个小时，卢瓦克·雷米就将我换下，并踢进了全场唯一的进球。

西班牙是我再熟悉不过的国家，并且四年前还夺得了世界杯冠军，这样一支队伍的出现本应该激发起我的斗志，然而并没有。面对塞尔希奥·拉莫斯、塞尔希奥·布斯克茨和塞斯克·法布雷加斯组成的这道红墙，我几乎连球都碰不到，完全被隔离在外。

四天后在贝尔格莱德还有一轮新的友谊赛，所以打赢西班牙的第二天，我们在法兰西体育场完成了最后一次训练后，就准备前往塞尔维亚。

离场后，迪迪埃·德尚让我到更衣室里见他，一开口他就问我："你是怎么了？你不想踢球吗？你是不是不想来法国队？"紧接着他又说道，"告诉我，是不是和团队相处得不好，还是对我有什么意见？我就直接说了，昨天你表现得很差劲！"

我同意教练的说法，并回答道："教练，不用你提醒我，我知道自己很无能。赛场上的那个我就好像不是我一样，我没踢进一粒球，没有进攻，也没有防守。"

教练和我都非常坦诚，他强调并警告我说："安东尼，如果你继续这样的话，你在足球这条路上不会走远的。"

我向教练保证让他放心，这样的情况不会有下次了，我会做到最好以达到他的要求以及我对自己的期望。德尚的话听起来似乎让人不太舒服，但他是对的，他在帮助我根除祸根，让我认清现实。他是一位尽职的教练，他让我意识到自己必须重新调整好自己的步调。

比起什么都不解释直接让我擦板凳来说，我更喜欢这种开诚布公的交流。

贝尔格莱德游击队体育场的比赛是他给我打的第二针，我直接在替补席上从头坐到尾。教练调整了整个队伍的三分之二，比赛时间一到，我就开始热身，我不是前三个进行热身的，所以感觉自己不会上场，但我还是一直在不停地运动。

卢瓦克·雷米下场，换上了亚历山大·拉卡泽特，然后是布莱瑟·马图伊迪被保罗·博格巴换下，热身的人就剩下我还有另一个队友。第82分钟时，曼城后卫亚历山大·科拉罗夫的一个任意球将比分扳平。两分钟后，马蒂乌·瓦尔布埃纳上场换下穆萨·西索科。我又重新坐下了，我知道我不会上场了。

我受到惩罚是不可避免的，我理解教练的选择，我没有进入最好的状态，在法国队里也不够全神贯注。德尚的态度和言语让我不断反思自己，帮助我重新步入正轨。我必须调整好自己，两年后自己家门口的欧洲杯将是我反击的目标。

第十三章

继续向前：

经受欧洲杯的压力

足球运动员最大的敌人是自己

通常压力不会对我造成任何影响，相反，我会将它转化为动力以实现更好的突破。

我不太关注绿茵场外的东西，别人的评论、比赛的输赢结果都不会影响我的心态。我所感受到的唯一的压力，是在我的女儿米娅出生的时候。

艾瑞卡不得不通过剖宫产进行分娩，因此我很担心她和宝宝的安全。我感觉自己有心无力，心里着急又不知道自己能做些什么。

足球场上我可不会出现这样的情况！我在很小的时候就已经开始接触足球了，所以球场上没有什么能让我惊慌失措的事情。在这项体育运动中，为了获取胜利我们竭尽所能，但在观众看来却是无比简单容易。

每一次进攻失败后，坐在看台上或者是在电视机前的球迷们，有谁没有发出过诸如"为什么他不把球回传到后场去呢""为什么他不用脚掌来停球呢""为什么你不传球反而要射门呢"这样的疑问呢？其实这些都还算是客气的了。

我很理解面对一场球赛时球迷本能的反应，因为在电视屏幕前，我自己也是一个只喜欢精彩比赛和进球的人，是第一个能够说出哪一种战术动作是最正确的人。

事实上，我们更应该关注的是赛场上一个射手到底是如何错失了完美的进球机会，而这一点常常被我们忽略。

2016 年年底的时候，我经历了非常黑暗的一段时期，在西甲长达843 分钟的比赛中我没有斩获一粒进球，这实在太漫长了。从 10 月初开始连续九场的西甲联赛上，我都无功而返，直到 2017 年 1 月 7 号在埃瓦尔竞技①的绿茵场上，我才终于打破了进球荒。（实际上四天前我在加那利群岛特内里费队的对决中已经成功破门了，不过那是在国王杯。）

心态是足球运动员最大的敌人，我的例子就是最好的证明。在那一段时间里，我完全处在一种迷茫和空洞的状态里，在赛场上也无法将自己的情绪很好地调动起来。

9 月末，我们和拜仁被分到了欧洲冠军联赛 D 组。在小组赛中，我们以 1 : 0 战胜了他们。卡拉斯科把这决定胜利的一球归功于我的助攻。然而他进球不久后，我就因为准备不足，起脚太匆忙，将点球踢到横梁上，从而错失了改写比分的机会。

12 月 6 日，我们将在巴伐利亚继续迎战拜仁，不过这次比赛的结果似乎没有那么重要。因为我们已经基本可以确定自己循环赛第一名的

---

① 埃瓦尔队，西班牙足球俱乐部，长期处于西班牙顶级联赛中下游。

位置, 而拜仁则位居第二。

比赛前一天晚饭后 22 点 30 分, 我们召开了一次会议。我原本以为这是一次球员会议, 因为我们在欧冠中并没有表现出我们的最佳状态。22 点 29 分时, 我到达了会议室, 心里不免有些紧张。我心想: "该死! 我肯定是最后一个到的, 他们都在等着我吧。"不过, 这并不是我的过错, 这都是电子游戏《足球经理》①的过错。

当我进入会议室时, 我才发现到场的不只是球员们, 技术教练也在, 还有主教练迭戈·西蒙尼(我们都叫他 El Cholo), 以及他的助理日耳曼人博格斯、门将教练帕布罗·贝尔塞杨内和他的助理奥斯卡·奥尔特加, 当然还有西蒙尼的第二助理胡安·比斯凯诺——他以前也是马竞的球员。我找到了我的南美兄弟们, 然后坐在了科雷亚和米格尔·莫亚的旁边。会议正式开始。

首先是主教练讲话, 然后就从迭戈·戈丁开始发言, 紧接着是费尔南多·托雷斯, 科克和尼古拉斯·盖坦。我特别希望迭戈·西蒙尼问我: "你, 安东尼, 你有什么感受?"

在几分钟的等待之后, 终于轮到我了。那时我已经连续六场西甲比赛没有进球了, 也没有帮助球队取得胜利。我说: "我想说一下我个人

① 《足球经理》(*Football Manager*, 缩写 FM)是由 Sports Interactive 公司制作、SEGA 公司发行的一款足球模拟经营类游戏, 其前身是科利尔兄弟于 1992 年创作的《冠军足球经理》(*Championship Manager*)。

的感受，在球场上我一点也不兴奋，我感受不到快乐。"

这句话说得有点生硬，于是教练打断了我，并且问道："那么你知道是为什么吗？"随即他又替我回答，"因为你脑子里的杂念太多了。"

我反驳说："当我找不到兴奋点的时候，我就会自顾自地踢球或者思考，不管你对我说走右路，还是要求我把球控制在禁区旁边，我都会觉得烦躁，不想去听。"随后我举了个例子："有一天，我到低位接球，但加比对我说'不，不要到低位，回到高位上去'。我生气地把球传了回去，并对他说让我自由一些，让我做自己想做的事。后来我按照你的要求，跑到了一个更深的、靠近球门的位置。但是，我还需要时不时地跑回到原来的位置。这些就是我的想法。我会继续努力，会继续倾尽全力，像以前一样。"

我说完了。所有人也都发表了自己的想法，还谈了一些如何观察局势的小技巧。对我们来说，相互交流、相互了解非常重要，一言不发解决不了任何问题。

我提到了这个小插曲，是因为它让我意识到一个没有自信的前锋是不可能进球的。身为前锋毫无自信的话，就算他有大把的机会，就算守门员趴在地上恳求说"如果你愿意的话，就进球吧"，他也依然会把球踢到门柱上。

我非常感谢这次会议，因为大家都直言不讳地说出了自己内心的想法。虽然第二天，我们以 0：1 输掉了和拜仁的比赛，但我还是很高兴有机会说出了自己的苦恼，让别人了解到我的感受，以帮助我及时恢复高效的状态。

在来到慕尼黑三天前的西甲联赛上，我们以 0：0 主场战平巴塞罗那，非常遗憾没有拿下比赛。赛前，来自乌拉圭的体能助教奥斯卡·奥尔特加给前锋们做了一个小的特训。我们都叫他"El Profe"（意思是老师）。他让我们正对球门踢 8 个球，在禁区左侧小角度踢 4 个，再在右侧踢 4 个。我的成绩是：正面 8 个球进了 7 个，左侧角 4 个球进了 2 个，右侧角 4 个球进了 1 个。总之，我非常兴奋。我甚至敢于当面讥笑我们的斯洛文尼亚门将扬·奥布拉克，他可是个暴脾气。凯文·加梅罗也和我一起逗他，当然了，只是几个友好的玩笑。

然而好景不长，在和西班牙人的比赛中，我尽管获得了三次明显的进球机会，却一分都没拿下。显然，我完全被后卫盯住了。我本可以而且本应该带领团队获得胜利的，但事与愿违。为什么呢？原因只有足球运动员能够理解。

球场上的我心不在焉，根本没有 100% 集中注意力。事实上，我当时心里很烦躁，因为主教练把我放在右路，因为加比要求不能将我换下。我意识到我不是在享受比赛，而是在赌气。这种情景和在慕尼黑召开球队会议时我诉说的情景有些相似。

在与西班牙人的比赛中，当我接到来自盖坦的传球，独自面对球门时，我自己完全不在状态，我只是机械地将球踢出，并等待着接下来会发生什么。在足球场上，这就等同于自杀。我本该斗志满满地去大力攻门，"灭掉"门将，然而我却没有。

游离间，我用脚内侧将球送出，这次射门是如此软弱无力，以至于迭戈·洛佩斯不费吹灰之力就将它拦下了。面对同样的情况，如果我状态良好的话，这个时候你早该看到我打电话的庆祝动作了。所以说，对于一个球员来说，最大的敌人其实是自己。足球，不只是足尖的游戏，更是一场内心的较量。

作为法国队的前锋

我花了很长时间才得以在法国队里拥有一席之地。2014 年巴西世界杯虽然收获很多，但也并非一张永久的证书。

在我因为与西班牙的对抗中表现平平而被提前换下，以及在塞尔维亚的替补席上度过了整场比赛后，2014 年 10 月，在法兰西球场进行的和葡萄牙队的比赛中，我终于重新得到了首发资格。比赛结束前 6 分钟，摩根·施奈德林将我换下。

3 天之后，也就是 14 号，在埃里温，法国队以 3：0 大获全胜，并将这样的状态一直保持到了在本土举办的欧洲杯。

在亚美尼亚，我在中场休息后上场。比赛进行到 84 分钟的时候，我接过安德雷·吉尼亚克中场的传球直插禁区，过掉了对方的门将，然后将球直接打入空门。在一度低迷后，这个进球让我重新找回了自信。

赛后我们还没来得及休整，就迎来了 11 月中旬与阿尔巴尼亚在雷恩的对决。对手表现得十分强势，上半场率先攻入一球。迪迪埃·德尚在下半场开始前让我换下了约翰·卡巴耶。比赛进行到第 73 分钟，我接到克里斯托弗·雅莱的右路传球，迅速突破对手防线，然后左脚贴近地面，起脚打门。这记射门很有力度，所以对方门将没能将其没收。

后来，我们在马赛的维洛德罗姆体育场以又一次的胜利完成了 2014 年的谢幕战。客队瑞典的主力球员兹拉坦·伊布拉西莫维奇因受伤而宣布退出比赛。在马赛，晋升为队长的拉斐尔·瓦拉内在我由左路开出角球后头球攻门，打出了那一粒决定胜负的进球。

这场比赛我打满了全场。这就意味着我在 9 个月之内入选法国队 14 次，并攻入 5 球。我的数据分析报告也很可观，例如我的跑动时长领先于蒂埃里·亨利和大卫·特雷泽盖，特别是大部分时间我都是在边路活动。

有意思的是，几场比赛中国家队的进球都是在我上场后实现的。其实原因也很简单，因为在我上场的时候，我们的对手肯定已经有一些疲惫了，而我正好利用这个时机，完全释放了自己的活力，即使我还没有完全适应比赛的节奏，这就好像我是法国队一张最后才会使出的王牌。

在此之前的九场比赛，我已经 698 分钟都没有进球了。然而当我告别首发阵容之后，我在 142 分钟内轰入 5 粒进球，也就是说平均每 28.4 分钟就能获得一粒。

扮演负责救场的替补球员的角色是有风险的，因为只有形势需要时，我们才会被从板凳上提起来，但这并不是我所追求的。

鉴于我作为替补上场后带来的高效进球，教练就曾笑着对我说："这样的话，你就不再是首发队员，而是我们的替补！"

然而，这并不是我想要的。我的目标始终是作为首发球员出场，并且成为球队的主力之一。我努力想要表现出我不只是一个替补球员，想要更多的控球机会，想要得到我在球场上的主动权。

在法国队，本泽马司职中锋，而在马德里竞技，迭戈·西蒙尼将我安排在中锋的位置。我在法国队的每一场比赛都倾尽所有，尽了最大的努力，然而并没有达到我对自己的预期。

从 2015 年国际足球友谊赛的揭幕战来看，法国队并没有继续连续不败的佳势。我们在 3 月份的法兰西球场上以 1 ∶ 3 负于由内马尔和蒂亚戈·席尔瓦领衔的巴西队。迪迪埃·德尚首发派我上场，在距离比赛结束还有 15 分钟的时候将我换下，可惜我没有突出的表现。其实那个时候，我已经帮助马竞在西甲联赛中打入了 14 粒进球。

3 天后，也就是 3 月 29 号，在圣埃蒂安主场对战丹麦队的比赛中，我作为左边锋首发出场。

2015 年夏季来临前，我们还在法兰西球场主场对战比利时队。我在中场休息时被换下，最终法国队以 3 ∶ 4 败北，赛后我在球场上坐了整整一个小时。

一周之后，我们又去了地拉那（阿尔巴尼亚）。尽管之前输掉了两场比赛，但是球队的氛围依然很好。我和保罗·博格巴相处甚好，总是待在一起。赛季中，我们常常相互交流，还在 Snapchat（色拉布）①上互传照片。

博格巴也是一个以家庭为中心的人，他的妈妈一直陪伴在他身边，两个兄弟也是足球运动员。和我一样，他也是一个喜欢嬉闹开玩笑、可以活跃气氛的人。他来自塞纳马恩省，从小就离开家人，14 岁的时候定居勒阿弗尔，两年后又搬到了曼彻斯特。由于他的过度媒体化，另外加之转会费事件以及他在赛场上出色的表现，他的任何态度和动向都会被人关注，走到哪里都是焦点。新闻界对他的要求非常苛刻，在我看来有时甚至有些过分。他完全可以表现出毫不关心的样子，然而事实并非如此，所以我常常建议他不要太在意别人的看法。

博格巴是一个工作非常努力的人、一位杰出的球员，同时也是一个需要被关爱的人。即使媒体是在做自己的本职工作，也应该给保罗更多的鼓励，不要忘了他才只有 23 岁。他还没有认识到自己真正的价值。保罗是一个非常有潜力的运动员，有朝一日，他一定会获得金球奖，C罗和梅西也将走下神坛。

2015 年 9 月 4 日，在里斯本的何塞·阿尔瓦德拉球场，我们恰巧

---

① Snapchat 是一款应用程序，用户可以拍照、录制视频、添加文字和图画，并将他们发送到自己好友列表上。这些照片及视频被称为"快照（Snaps）"，而该软件的用户自称为"快照族（snubs）"。

有一场与 C 罗领衔的葡萄牙队的比赛。

在那场比赛中，我比预期提早上场。在比赛进行到 14 分钟的时候，纳比尔·费基尔在一次膝盖碰撞中损伤了韧带，痛苦地倒在了地上——这次伤病最终使他好几个月不能出席比赛——于是我就临危受命，火速替他上场。

最终我们赢得了那场比赛，这使我们士气大振，但同时我也为纳比尔·费基尔感到惋惜。他是我十分敬佩的人。2016 年 10 月，当他伤愈复出回到法国队的时候，我还和他在更衣室照了合影。当时他穿着 12 号球衣。

离开里斯本的三天后，我们在波尔多迎来了塞尔维亚的挑战。布莱瑟·马图伊迪梅开二度，我差不多踢了一整场，教练在 90 分钟时才将我换下。

10 月 8 日在尼斯举行的和亚美尼亚的比赛中，我又差不多踢完了全场。过去与巴拉圭的比赛中，我就曾成功破门，此次在安联里维埃拉的对抗中，我又斩获一球。比赛进行到 35 分钟时，我接到了来自本泽马的传球，在禁区右侧起脚大力抽射，球从对方门将身下穿裆而过，成功入网。这是我一年多以来在法国队的第一粒进球，也是以首发球员身份获得的第一粒进球。经过了 21 场比赛的洗礼，这一刻终于到来了。

3 天后，在哥本哈根，我们以 2：1 的比分战胜丹麦队，奥利维尔·吉鲁独中两元，马蒂乌·瓦尔布埃纳在距离比赛结束还有 12 分钟时将我换下。下一个月等待我们的将会是两场焦点之战：和世界杯冠军德国队的比赛，以及在温布利举行的和英格兰的比赛。

恐怖袭击事件

2015 年 11 月 13 日，我们在法兰西球场的一片沸腾中迎来了和德国队的比赛。那场比赛，我的父母也在场。我和奥利维尔·吉鲁以及安东尼·马素尔并肩进入球场——这已经成了我的习惯。

球场草地的状况不是很好，当时法国队的目标是取得五连胜。这场比赛我踢了 80 分钟，直到哈特姆·本阿尔法将我替换下场。但是，如果一场比赛和一场悲剧同时发生在球场周围和巴塔克兰剧院的话，那么这场比赛又算得了什么呢？

当比赛进行到四分之一的时候，人们看到帕特里斯·埃夫拉在回传的时候忽然瞪大眼睛，好像听到了什么。当时，他站在靠近东边看台的位置，听到了一阵爆炸声。但是，和所有人一样，他也以为这是农用炸药或者大型爆竹的声音。

随后球场里出现了烟雾，气氛变得不安，我们并没有听到现场的骚动和警车的鸣笛。中场休息的时候，我们还是像往常一样，回到了更衣室。没有收到任何指令，所有人都是一头雾水。我们并不知道，被告知巴黎市中心发生了几起枪击事件后，奥朗德总统已经在卫队保护下离开了法兰西球场，因为我们根本没有注意到在球场上空盘旋的直升机。

比赛结束后，播音员谈到了在球场外发生的突发事件。穿过通道时，我们在屏幕上看到了关于人质事件的报道，这才明白刚才发生的事情，虽然还不是很清晰，但也意识到了事态的严重性。

随着新闻报道的跟进，我们知道恐怖事件还在快速升温。新闻发布会被取消，交通也被切断，我们无法离开。

我知道酷爱音乐的莫德正在巴黎听音乐会，但是我不记得是在哪里。我给我的母亲打电话，她和父亲还在球场的看台上。我问："知道莫德在哪儿吗？"她非常肯定地回答我说："她在听音乐会，具体地址我也不清楚，但肯定不是在巴塔克兰剧院。"

然而，我好像有一种不好的预感，继续问道："告诉我那个乐团的名字，我可以确定她就在那儿，告诉我那个乐团的名字……"

母亲说："是一个摇滚乐团！"

我马上回答道："我知道了，就是在巴塔克兰剧院！"

当母亲说出摇滚乐团时，我立刻就想到了 Eagles of Death Metal（死亡金属之鹰），当时他们正是在巴塔克兰剧院表演。我努力地想要和莫德取得联系，不停地给她打电话。可是她没有接，我又给她留言。

更衣室里的电视机是关着的，我无法知道外边的消息。很快，我在球员休息室里找到了我的父母，他们已经确认姐姐和她的一个朋友就在巴塔克兰剧院看演出。我们非常担心害怕，越来越坐立不安，因为根本无法知道她现在的处境究竟如何。

后来电话终于接通了，可是她说话的声音很小，没过多久就挂断了。我们又一次与她失去了联系。直到深夜，她才给我母亲打电话说，警方介入后她就逃出了剧院。她和其他幸存者躲在一个餐馆里避难，而警方继续在剧院里面执行任务。

听到这个好消息，我们都长舒了一口气。感谢上苍！那个夜晚非常黑暗和漫长，幸好莫德安然无恙，幸好我们全家人都安然无恙。

后来我才知道，她离开巴塔克兰剧院后，拼尽全力奔跑，为了跑得更快甚至脱掉了鞋子。那时是凌晨两点左右，她想打一辆的士，但是司机们都拒绝让她上车，因为她身上沾满了伤员和遇难者的鲜血，他们不希望弄脏座椅。

不过最后她还是在共和国广场成功地搭上了一辆车。一到家，她就开始洗澡，洗了很长时间。我们这些球员在将近深夜 3 点时才被撤离到克莱枫丹。

我和雨果·洛里斯、迪米特里·帕耶还有其他队员一起挤在电视机前，这才真正了解了这次发生在巴黎的恐怖袭击。我们的对手德国队的球员们干脆在更衣室里过了一晚，第二天直接去机场飞回德国。

我一直克制自己尽量不要再和莫德谈起 11 月 13 日那个恐怖的晚上。

莫德也是守口如瓶，对此我完全理解[①]。我们总是觉得这样的事情只会发生在其他人身上，可事实谁都无法预料。我相信她一定能够跨过这道坎儿，她只是需要好好调整一下自己。

不久之后，莫德去了马德里，和我的父母一起住了一段时间。

我不想再提起这次事件，不过我还是发了推文让大家安心："感谢上帝，我的姐姐成功离开了巴塔克兰剧院。为所有受害者及其家人祈祷。"

这次极端恐怖组织制造的恐怖袭击共造成130人死亡、数百人受伤，成为法国历史上最血腥的恐怖袭击事件。

阿斯塔·迪亚基蒂就是受害者之一，她是拉斯·迪亚拉的堂姐，当时她在自己的车里。袭击发生时，拉斯·迪亚拉和我一样也在法兰西球场和德国队踢友谊赛。事件发生后，他在社交网络上发文诉说自己的悲痛，哀悼逝去的亲人。他写道：

"经历了昨晚发生在巴黎和圣丹尼斯的一系列恐怖事件，今天我怀

---

① 莫德·格里兹曼破例对《纽约时报》和法国《队报》讲述了当天发生的事情，并且向《队报》吐露了心声："事实上，我希望他和我其他的家人们都能忘记11月13日那天。在那之前，没有人知道他还有一个姐姐，相反，我完全不会因此而感到烦恼。我和他都有各自的生活。事故发生之后不到一个星期，他第一次见到我的时候对我说：'你看起来就像什么都没发生过一样。'事实上，我并不想表现得很做作。对于我来说，我并不是一个受害者，因为我既没有受伤，也没有死亡。所以我应该继续自己的生活。不过当时我的确被困在剧院里长达一个半小时。我知道刚开始，我的父母和我的兄弟们都非常担心我，后来，他们明白我可以通过做一些疯狂的事，或者和朋友们敞开心扉地聊天来自愈。"

着沉重的心情写下这封信。你可能已经获悉，我的堂姐阿斯塔·迪亚基蒂是昨晚枪击事件的遇难者之一，她和数百名无辜的法国人民一样，成为恐怖袭击的牺牲者。她一直非常支持我，在我心中她是最好的姐姐。在这段动荡的时期，我们都有责任捍卫国家和种族多样性，敢于发声，团结一致面对这次不分肤色和种族的恐怖袭击。我们必须团结一致，互敬互爱，保持冷静。感谢所有人对我的支持和慰问，照顾好你和你身边的人。望逝者安息。"

这次突发事件四天之后，我们一点也不想踏进温布利。

"为什么这个时候我们还要踢球？这毫无意义。"这样的想法一直在我脑子里萦绕。那个时候，相比于法国队的比赛，我更希望能和我的姐姐待在一起。然而足协决定要继续比赛，所以我也只能在心里说一说而已。

英国国歌《上帝拯救女王》在我们耳边再次响起，随后由英法两国球迷共同演唱的《马赛曲》也让人为之动容。9万名观众在开球之前为受害者默哀，这让我再次想到了莫德和所有受害者。

11月17日不是一个足球日，在伦敦，我们输掉了比赛。我在比赛第67分钟时下场，拉斯·迪亚拉比我早下场10分钟。他是一位可敬的队友。集训期间，他因堂姐的事情悲愤不已，但他一直保持冷静，也没有在我们面前宣泄出来。

进入欧洲杯

生活总算是又重新回到了正轨。对于法国队的下一场比赛，也就是
2016 年 3 月 25 日阿姆斯特丹的大战，我感到信心满满。在欧冠联赛中，
我在马竞也踢得热火朝天，而且我的妻子艾瑞卡怀孕了。对于我这个需
要在日常生活中保持兴奋才能在球场上点燃斗志的人来说，这简直就是
最完美的时刻。

与荷兰的比赛我只踢了半场，但也足以让我打进自己在法国队的第
8 粒进球。

比赛进行到第 6 分钟，我就通过一个任意球顺利为球队打开僵局：
当时球队在距离球门 20 多米远的位置获得一个任意球，于是我站在了
球前，在禁区右侧用左脚打门，球从对侧上边角射进。进球后，我选择
了另外一种庆祝方式，这种方式的灵感来源于我马德里的队友费尔南
多·托雷斯。

我的这一粒进球让本就沉寂的赛场更加凝固了，因为比赛前一天，

也就是 24 号，荷兰传奇球星约翰·克鲁伊夫 ① 不幸离世，整个赛场一直蔓延着悲伤的情绪。

4 天后，俄罗斯队做客法兰西球场（自从 11 月的恐怖袭击事件以来，我们已经不像以前一样经常在这里踢球了），这是确定欧洲杯大名单之前的最后一场比赛。我上场的时机非常好，刚一上场就为坎特和吉尼亚克分别送上了一次关键助攻。4 ：2 的比分成就了我们的又一次胜利，但同时也显示出我们仍需要不断挖掘我们的进攻潜力。

4 月份，我的人生变得更加完美了，因为女儿米娅出生了，我成为了父亲。然而对于卡里姆·本泽马来说就没有那么幸运了。

13 号，本泽马发推文宣布："对一直以来支持我的球迷们表示抱歉，很遗憾我没有入选征战欧洲杯的法国队阵容。"

法国足协发布公告确认了这件事 ②。

对于卡里姆我感到很遗憾，他所涉及的这次司法事件被广泛议论，

---

① 克鲁伊夫，荷兰著名球星，足球名宿，职业生涯最辉煌的时刻效力于西班牙巴塞罗那俱乐部，后成为教练，倡导全攻全守的现代足球打法，在世界球迷尤其是巴塞罗那和荷兰球迷心目中享有极高的声望，被誉为"巴塞罗那教父"，2016 年去世。

② 足协主席和教练坚持认为：赛场上的表现是法国队选拔结果的重要标准，而不是唯一标准。足协内部的选拔人员同样看重球员们在球队内部和球队周围的团结意识，在球队中所起到的先锋模范作用，以及集体荣誉感。由此，勒格拉和迪迪埃·德尚决定本泽马不能入选 2016 年欧洲杯的法国队。2015 年 11 月，本泽马在利用色情录影带诈骗队友瓦尔布埃纳的事件中因"涉嫌参与同谋诈骗"以及"加入犯罪团伙"罪被控告。

连许多政界人士也都纷纷出来发声，不过这次波动并没有对法国队造成太过严重的影响。当然了，两名队友的离开对整体球队来说的确是很严峻的考验。我本来以为可以同卡里姆和瓦尔布埃纳并肩作战的，但是……只能说世事难料。

坦白地说，我特别想获得欧洲杯的冠军，另外还希望能够在欧冠联赛中一路向前，所以我全身心地投入比赛中，无暇去考虑其他的事情。鉴于卡里姆的公众形象和地位，我意识到他的缺席会增加保罗·博格巴和我肩上所承担的压力。

第二个月，迪迪埃·德尚公布了大名单，关于我是否在名单当中已经不再是一个悬念了，这次我确信自己一定在名单里。其他前锋分别是迪米特里·帕耶、安东尼·马素尔、金斯利·科曼、奥利维尔·吉鲁以及安德烈·吉尼亚克。

除了 23 位正式队员外，主教练又加了 8 位后备队员：阿方斯·阿雷奥拉、哈特姆·本·阿尔法、凯文·加梅罗、亚历山大·拉卡泽特、亚德里安·拉比奥特、摩根·施奈德林、德吉布里尔·西迪贝以及萨穆埃尔·乌姆蒂蒂。

冠军联赛决赛后，我迅速归队参加球队在奥地利的集训，此时距离欧洲杯揭幕战只剩 10 天。6 月 14 日在梅斯，我和队友们共同决战苏格兰队。此前，我还缺席了与喀麦隆在南特的比赛。这些对于我们来说都是很好的热身和磨合，然而我没有赶上。

在欧洲杯各支球队激烈碰撞之前，大家对我归队时的状态表示担忧，不确定欧冠的决赛是否会让我疲惫不堪。

事实上我的确经历了一个加长赛季，我为俱乐部打了 54 场，加上法国队的比赛，这期间总共出场 63 次，这个数字让我印象非常深刻。甚至有人还统计了我在欧冠联赛中的跑动距离：在 13 场比赛中一共跑动超过 142 千米，仅次于我在马竞的队长加比。

但我并没有感到疲惫，我一直都很注重体力的恢复，并让自己保持最好的状态，我已经迫不及待想要登上欧洲杯的舞台了。

揭幕战的前一晚，我们并没有住在克莱枫丹基地，而是去了贝西的一家酒店，因为欧足协规定在欧洲杯比赛期间，我们的休息区距离比赛场馆不得超过 60 千米。

电视上播放了一个在埃菲尔铁塔脚下举行的大型演出，我们一起很开心地将它看完。我还发推文说："你可以把音乐声关小点吗，大卫·库塔①？要不然我没法睡觉。"

我想让自己一直保持愉快放松的心情，虽然我还是没能够从几天前欧冠决赛的失利和那记罚丢的点球中走出来。我知道现在我应该全身心投入到和罗马尼亚的备战中，可是我的脑子里反反复复都是前几天发生的事。我仿佛又看到那颗球撞到横梁又弹了回来，远离了球门线。我有两个手指已经碰到奖杯了，可惜……我在心里不断提醒自己：必须消除这些悲观的情绪。

---

① 大卫·库塔，1967 年 11 月 7 日出生于法国巴黎，法国 DJ、电音制作人。

我的欧洲杯

我作为首发球员出战和罗马尼亚的比赛。6 月 10 日这场在法兰西球场举行的揭幕战并没有那么激烈，迪米特里·帕耶作为替补球员登场后，在禁区前拔脚怒射打出世界波，为法国队锁定了胜利。

我也欣赏到了帕耶漂亮的左脚射门，不过我没有想到，在比赛进行到 66 分钟时，我第一个被迪迪埃·德尚换下场。第 15 分钟时，我本有机会进球的，但是球打到了门柱上。这也说明我还没有找到我最佳的精神状态。正常情况下，这样的球应该停在位置更深的地方。

进球后，迪米激动不已，忍不住热泪盈眶。我也为他感到高兴。球迷们更是兴奋无比，整个球场一片欢腾。

回到克莱枫丹后，我们进入了封闭训练期。除了一些训练之外，我们还会在大厅里的电视机前看其他球队的比赛。为了让肌肉更好地恢复，我会做平板支撑，但有些队员喜欢安静地待在房间里，还有一些喜欢玩海盗骰子，那是一种起源于智利的骰子游戏。

6 月 13 日早上，我走进大厅，像往常一样，看到了那份每天都会放在镜子下面的报纸。报纸头版的大标题赫然入目——《格里兹曼的焦虑》。报纸照片中的我穿着印有雄鸡图案的运动衫蹲在地上，眼神空洞。新闻的导语中写道："法国队的领袖、马竞前锋在上周五与罗马尼亚的比赛中（比赛结果为 2 : 1）表现得十分慌张，他遇到麻烦了吗？"

这个报道看得我非常生气，我心里想："这帮记者真是一群蠢货！"我不需要他们这样的关心，尤其是现在，在与罗马尼亚的比赛之后，在错失欧冠冠军之后，在这个超过 60 场比赛的赛季之后，我为祖国付出了一切，然而这就是给我的回报？

面对这样的负面报道，我是不可能不闻不问的，它不仅会伤害到我，还会伤害到我的父亲，因为他每天都会看报纸。

但是，我也深刻意识到了我在欧洲杯揭幕战上的糟糕表现，并把目光转向了我们的下一个对手——阿尔巴尼亚。6 月 15 日我们将在马赛的韦洛德罗姆球场有一场对决，我想要弥补自己的失误，我要复仇。

比赛前一晚，或者可能是当天早上，具体我也记不得了，教练突然来到我的房间，他跟我说球队做了一个决定，就是在这场比赛中让我打替补，但这绝不是惩罚，我肯定会出场。

我第一反应就是去找保罗·博格巴告诉他这件事情，谁知他回答我说："我也一样！"迪迪埃·德尚的任务就在于从这 23 个人中寻找并且确定最佳的首发阵容，而事实上，无论怎么做选择，每一次选择都会有遗憾。德尚在做着主教练应该做的事情，他知道让我和保罗打替补会让我们感到失望，所以才提前来通知我们。

有时候我感觉法国《队报》的记者根本不会帮助我们，甚至还总是炮轰我们。眼下开战在即，我们本该把精力都投入到比赛中，可面对这样的无端指责，我实在是难以忍受。

不过，我不认为教练的决定是屈从于媒体的压力，也不觉得这样的头条会给球队带来什么样的改变。电视上的报道也把注意力几乎只聚集在我和保罗身上，这的确为我们增添了不少烦恼，好在我们在赛场上都找到了最佳的状态。

在那场比赛中，保罗在下半场登场，我则在比赛的第 68 分钟换下金斯利·科曼。此时场上的比分仍然是 0 : 0。比赛进行到第 90 分钟时，阿迪尔·拉米右路传中，我接到球后再一次头球攻门，球进了！这是我在欧洲杯上的第一粒进球！我一阵狂喜。

补时阶段快结束时，迪米特立·帕耶成功摆脱防守射门，在比赛的最后一分钟将胜利稳稳地锁定。两战全胜确保了我们 16 强的位置，但想要成为小组第一，我们还需要在 6 月 19 日，在阿斯克新城的皮埃尔·莫鲁瓦球场战胜瑞士队。

保罗和我再一次作为首发球员出战这场重要的比赛。他踢了一整场，射失一球，至于我则在比赛第 77 分钟被布莱斯·马图伊迪替换下场。我曾有一次进球的机会，但是对方门将很好地化解了我和安德雷·吉尼亚克在右路配合打出的进攻。而且我的射门太正了，没有构成威胁。

最终我们以 0 : 0 的比分和平结束了比赛，没有人受伤，我们也做到了全力以赴，完美地结束了全部小组赛。我感觉不错，而且我知道，现在的我充满活力。

下一个对手是谁我们还不得而知，起先我们猜测是北爱尔兰，但最终迎来了爱尔兰共和国。他们战胜了意大利，继德国和波兰之后夺得了小组最后一个晋级名额。

除了在澳大利亚踢球的老将罗比·基恩，爱尔兰的所有球员全部来自英格兰本土。面对这支队伍，我们还是有把握获胜的。奥利维尔·吉鲁和往常一样司职中锋，迪米特立·帕耶和我分别为左、右边锋。

6月26日星期日下午3点，比赛开始。可没过多久，本来晴朗的天空突然下起大雨。比赛进行到第2分钟时，保罗·博格巴在禁区内对南安普顿前锋沙恩·朗犯规。当裁判判给对方点球时，我忍不住想："真倒霉！不要在这个时候给点球啊！如果他进了，这一场就难打啦。"

罗比·布拉迪把球放到罚球点上，我们所有人都倒吸一口凉气，门将洛里努力做出反应，但还是没能够扑出这粒点球。球场的气温不断升高，我们却一直没有找到将比分扳平的机会。

然而中场休息时，迪迪埃·德尚进行了战术上的调整，做出了一个非常激进的决定，但正是这个决定成就了我在欧洲杯乃至我在国家队生涯中最关键的一笔，也证明了我一定能够成为我心目中的那个球员。

第十四章

再出发：
成为"马竞"
历史的一部分

转会马德里竞技

我非常注意自己的一言一行，从来不会忘记在面对球迷们时保持微笑，但这并不是我深受年轻球迷喜爱的唯一原因。保持良好的形象是我工作的一部分，而且我本人就很爱笑。不过有时候我也会卸下偶像包袱做一个普通人，比如说度假的时候。

2014年夏天，我们以0：1负于德国队，止步巴西世界杯四分之一决赛后，我和我的家人一起去了土耳其地中海俱乐部。我想放松一下，好好享受与家人共度的时光，并彻底忘记这场让我深感惭愧的比赛。

然而在土耳其期间，我还是没能逃过各种各样友好而诚挚的邀请，这让我很是疲惫。我大概知道自己在西班牙之外也有一些名气，但我更希望能安静地过一个假期。

此外，我的职业生涯也在进一步规划中。更确切一点说，当时我准备离开皇家社会。离开是我经过深思熟虑之后做出的决定，我觉得自己有必要去尝试新的东西，让自己感受到一些压力，并且每周都努力去赢得属于自己的位置，每个赛季都能够参加欧冠和其他顶级赛事。

对于转会的事情，我让埃里克来负责具体的运作，他因此开始变得紧张起来，因为两周后，我就要被召回苏维耶塔，重新投入训练了。当然，即使季前赛开始了，我也可以离开，但我更希望在这之前完成转会，因为我无法想象和一个我要离开的团队一起训练，那将是一件多么尴尬的事情。

所以，当埃里克给我打电话的时候我还在土耳其度假。他问我："安东尼，热刺①对你非常感兴趣。他们愿意支付2000万英镑，也就是2500万欧元。但是我不知道皇家社会能否接受这个报价（皇家社会将我的转会费定为3000万欧元），他们正在讨论这件事。你呢？你是想去热刺，还是想继续等等看？"

托特纳姆热刺队是伦敦的一个俱乐部，现在由阿根廷人毛里西奥·波切蒂诺执教。我不想仓促决定，就回答埃里克说："我们还是等等再说吧，先看看接下来会发生什么。"

那段时间，每过一天都会有一个新的俱乐部表现出对我的兴趣，但都没有提出令人满意的报价。或者更准确地说，他们中的任何一个都没有提供一个确切真实的报价。直到有一天埃里克打电话说："哈喽，安东尼，最近咋样？我接到了马德里竞技的电话，他们表现得很诚恳，也很热情，你怎么看？"

我很兴奋，但也有些担心，因为我知道迭戈·西蒙尼教练的脾气非

---

① 托特纳姆热刺，英格兰足球俱乐部，历史上一直是英国顶级联赛中上游俱乐部，近些年开始崛起，屡屡向冠军发起冲击。

常火暴。我问道："那当然好，但是他们的教练是不是有些疯狂啊？"
不过我还是忍不住心动，继续说道，"我很喜欢这支队伍，他们是欧冠
球队，而且还会继续征战高水平赛事。我们最好是能助力一把，让马德
里竞技向皇家社会表明意向，如果俱乐部接受的话，我会与他们会面。"

我还对埃里克推心置腹地说："足球方面的事，我就委托你来办理，
你是我最信任的人。至于马德里，我想我会喜欢上这座城市的，那里是
首都，而且我还有朋友在那儿，你不用为我担心。"

埃里克说："我担心的不是这个，我担心的是皇家社会球迷们的反
应。"

我理解他的顾虑。对于皇家社会的球迷，我一直都很感激。他们给
了我很多的鼓励，从不在场上嘘我，这次我也希望他们能理解我的选择。

和埃里克做出决定后，我联系了皇家社会的队友——乌拉圭人乔里，
这是我们大家给他起的绰号，他的真名是冈萨洛·卡斯特罗·伊里扎巴
尔。我问他要了他的老乡戈丁的电话。

迭戈·戈丁从 2010 年开始担任马竞的中后卫，那个时候他也刚刚
参加了世界杯，并且在与意大利的对决中打入一粒进球。正是这粒进
球使得他们跻身世界杯八强。戈丁是一位富有激情的运动员，也是一
个领袖。

在世界杯前的西甲关键比赛中，他用同样的方式在诺坎普球场打入
一粒进球，帮助马竞夺得了第十个西甲冠军，而后，在欧冠决赛面对皇
家社会时又首开纪录。

乔里发来号码后，我立即就给戈丁打了电话。"迭戈，我是安东尼，最近好吗？我想了解一下马竞更衣室、教练和球队的基本情况！"我问道。

他回答我说："安东尼，我很好，你呢？不用担心，这里的更衣室很酷，我们像一家人一样，一整年都待在一起，球迷们也非常支持我们。俱乐部雄心勃勃，目标是成为行业顶尖。来吧，别再犹豫了。我不知道我们能否取得胜利，但是如果你加入我们的话，我们会很开心。"

有了这次愉快的交谈，我便不再犹豫了。两个小时后，埃里克又给我打来电话，他想知道我什么时候结束在土耳其的度假，还告诉我马竞的高层准备在里昂的一家餐馆和我会面。

那时我已经开始想象自己穿着马竞球衣的样子了，但同时我也意识到，我的这个决定可能会让皇家社会的球迷们感到沮丧，因为皇家社会和马竞是宿敌。但我心意已决，我希望他们能够尊重我的决定，可是事实并不是这样。

我的父亲陪我一起去参加了与马竞的会面，虽然他对于西班牙语一知半解，不过我还是觉得在那一刻不能少了他的陪伴。

马竞主席米格尔·安赫尔·希尔、总经理安德烈·贝娅塔、体育总监，还有其他俱乐部的领导都出席了晚宴，他们都是专程为了我的事才来到里昂的。换句话说，这件事差不多已成定局，事实上我转会的事情就是在这次会议中尘埃落定的。

米格尔·安赫尔·希尔先作了自我介绍，然后又讲述了俱乐部的历史、球队的目标，以及他对球队的想法。我认真地听了他的介绍，不过我最关心的问题是我在球队担任什么位置、球队的阵型、教练的想法。至于合同期限、薪金还有其他条款，对我来说都是次要的。

在我的坚持下，他终于说到了正题上："你知道的，球队在大多数情况下采用的是 4-4-2 阵型，我们的意见是让你担任第二前锋，在马里奥·曼祖基奇后面，有时也可以担任左边锋。你觉得怎么样？"

我回答道："从小时候起，我就是踢影锋①的，进入职业球队以后我才换到左边锋的位置。经过一段时间的训练和比赛后，我想我一定能很快找回感觉。"

"我们的目标是在西甲联赛中战胜巴塞罗那和皇家马德里，并且跻身欧冠八强。"米格尔·安赫尔·希尔强调说，"我们会继续努力，直到实现我们的目标，同时我们也需要你的加盟，因为你是帮助我们实现目标的最理想球员。"

听了这些，我更加兴奋了，我时不时望向父亲。即使受语言的影响，即使对所有情况都是一知半解，但他仍非常努力地听着。

上甜点的时候，我们共同举杯庆祝我的成功转会，这也标志着我的职业生涯即将开启新的征程。在我的意识里，我已经是一位新的 "colchonero"，这是马竞球员的绰号，意思是穿床单的人，因为马竞

---

① 又被称为小前锋，在足球场上影锋多半要与高大中锋相互配合，主要是游动在高大中锋身旁，争抢第二落点和寻求射门机会。

的战袍和西班牙最常见的床单一样都是红白相间的颜色。

如今，我已经成了这个由马德里矿业学院的巴斯克学生于 1903 年创立的俱乐部的一员。

融入马竞

在返回马孔的路上，我和我的父亲谈论着这些，我们都非常高兴。我还打电话告诉了我的母亲，她也兴奋不已，并且开好了一瓶香槟等着我们回家庆祝。艾瑞卡也很开心，因为她知道加入马竞对我的前途发展非常重要。

她并没有因为生活环境的改变而担忧，而是预先联系了一个住在马德里的朋友，希望自己能够快速适应新的生活。就是这样，我开启了职业生涯的新篇章。

为了帮助我更好地融入球队，迭戈·戈丁邀请我和其他队员一起去参加他定期组织的户外烧烤活动，这是马竞球员的一项传统。

我和艾瑞卡住在了距离训练中心不远的拉芬卡社区。这是一个很安静的住宅区。很多马竞和皇马的球员都住在这里，比如 C 罗，加雷斯·贝尔，托尼·克罗斯，还有我的教练，甚至还有马竞的主席！

这个小区有 100 多个私人住所，安保工作非常到位，这也是我们选择这个住宅区的原因。当我外出打比赛时，我不想因为家里可能会遭遇入室抢劫而担心，我需要保护艾瑞卡和米娅不受任何侵扰。

住在拉芬卡社区同样也可以保护我们的私人生活，只要一回到家，我就很少出门，最多和我的狗 Hooki 一起在公园里散散步。它是一只法国斗牛犬，大大的耳朵和嘴巴都非常搞笑。女儿出生后，我越来越宅，除了偶尔去餐馆或者电影院，其余时间都安静地待在家里。

马竞全额支付了我的转会费，我也可以继续穿我最喜欢的 7 号球衣。不久之后，我们便战胜皇马，荣膺西班牙超级杯冠军。在决赛中，我为曼祖基奇贡献了一次关键性助攻。随后，我又在欧冠联赛对阵奥林匹亚科斯时首开纪录，在西甲对阵科尔多瓦时梅开二度。

但是一切并非完全符合我的设想，在这里我必须要重新仔细参悟 4-4-2 阵型的含义，适应紧逼、盯防对手的策略。当右路发生激烈争抢时，我要卡在中路，当左路发生强烈碰撞时，我需要上前紧逼。

在皇家社会踢球时，我们不那么拘泥于战术，而现在的我必须重新做功课适应这一切。最令我感到疑惑的是，每当我发挥出色获得进球后，教练总是让我在下一场比赛中替补出战，这让我很不解。

其次，我也惊讶于教练总是要求我直接射门而不是传球助攻。我们的教练 El Cholo（他的绰号）不是一个健谈的人，也不会作过多解释，但不管怎样，我都会在比赛中倾尽所有，不遗余力。

我很享受站在球场上的感觉，我喜欢训练，但我实在有些不能理解教练的安排部署。我还向艾瑞卡诉苦说："我不明白，为什么不管我怎么努力，教练好像都不满意。"

2014 年 10 月 1 日，我们在卡尔德隆的欧冠小组赛中对战尤文图斯。比赛前的整个星期，我都是作为首发队员接受训练的，但直到比赛的前一天，迭戈·西蒙尼都还没有将首发名单公布出来，就连第二天早上的视频会议也对首发阵容闭口不谈。

我感觉这场比赛的首发名单里不会有我了，开球前，我和尤文图斯的两位法国球员保罗·博格巴以及帕特里斯·埃弗拉寒暄了几句。我沮丧地说："这确实挺让人难受的，整个星期我都是作为首发队员来训练的！"他们则鼓励我要坚持下去："相信你自己，别担心，你会让他们知道你是一位出色的球员。"那天晚上我是在比赛的第 53 分钟上场的，其实教练早就打算好了这一切。

我们的教练迭戈·西蒙尼是马竞的标志性人物。球员时代，他是一名技术全面、任劳任怨的防守型中场，曾经代表阿根廷国家队出战 106 次，总共参加了 3 次世界杯。1998 年世界杯期间，是他亲手淘汰了我的偶像大卫·贝克汉姆！他在国际米兰和拉齐奥^①踢球期间也获得了很多荣誉。36 岁时，他转型做了教练，一开始在他的老家阿根廷执教，

---

① 国际米兰和拉齐奥都是意大利足球俱乐部。前者是传统的北方三强之一，另外两支是尤文图斯和 AC 米兰。拉齐奥则位于罗马城，和罗马队分庭抗礼。两支球队皆有争夺意大利联赛最高荣誉的实力。

2011 年时被任命为马竞主教练。

马竞是他在欧洲的老东家，他非常了解马竞，并想让马竞重返 1996 年的辉煌——那一年，马竞获得了历史上的首个双冠王。

西蒙尼是一个非常有激情的人，同时也是一个工作狂。但是，即使在板凳席上指点江山、滔滔不绝，他也不怎么和我说话，我也从来没有要求教练说明原因。埃里克告诉我不要抱怨，因此我服从教练的一切决定，一直待在替补席上等候他的任命，时刻准备着上场为球队的胜利而拼搏。

我不习惯担任替补，但是我不得不适应这个新的环境。这是一支冠军球队，是球迷们关注的焦点。很明显，在这支球队里我已经不再享有在皇家社会时的地位，我很清楚这一事实，但我还是迫不及待地想要展示出自己的能力。

2014 年 12 月 21 日，我们与毕尔巴鄂有一场比赛，由于马里奥·曼祖基奇还在停赛当中，所以我得到了一个非常珍贵的首发上场机会。当然，我是不会放过这样的机会的。

那一天是西甲联赛的第 16 轮比赛，圣梅斯球场聚集了 46500 位观众，为他们的球队鼓劲加油。我在比赛的第 46、第 73 和第 81 分钟进球，顺利地完成了帽子戏法，将球场的气氛不断推向高潮。

这场比赛成了整个赛季的转折点。几周前，在对阵维戈塞尔塔的比赛中，当主教练在比赛开始不久就将我换下场时，我就感觉到球迷们在低声抱怨，好像他们并不认同迭戈·西蒙尼的决定。

球迷的行为让我很受鼓舞，说明我已经得到了大家的认可。而毕尔巴鄂这场比赛里的高光表现，真正让我实现了一次华丽的转身。完成帽子戏法，对我来说并非易事，在皇家社会也只有过一次而已。

为什么那一天会如此与众不同？我也说不清楚，我既没有改变我的踢球风格，也没有改变我在球场上的态度，却得到了幸运女神更多的眷顾。此后我在球队的地位愈加牢固，我可以感受到自己是一名对球队非常重要的首发队员。对于一名球员来说，这种归属感尤为重要。

我们的"大家庭"

假期前一天打入的这三粒进球，证明了我在西甲联赛前 15 场比赛里的优异表现。放假之前，体能训练师奥斯卡·奥特加叮嘱我在假期期间注意保持身材，不要让体重超标。我觉得他想向我传达的信息是：你刚刚赢得了属于自己的位置，不要轻易挥霍掉。

我也开始渐渐领悟教练对我的要求，让自己变成一个更具杀伤力的射手，我开始更加注重体能训练以及防守能力的提高。而在皇家社会的时候，我很少这样深刻地反省自己身上的问题。

奥特加的训练成果在马竞的强势崛起中一点点彰显了出来。对于马竞的复兴，他功不可没。我们都称他为"教授"，这个乌拉圭人自从担任体能训练师以来就一直和迭戈·西蒙尼合作。有了他的存在，俱乐部里就很少有伤员。

我们的体能训练精准而高效，每场比赛开始前，他都会带领我们做10到15分钟的热身活动，这样可以使我们避免肌肉痉挛，每一位球员都得到了他无微不至的照顾。

赛季开始前的准备工作是他最艰巨的任务，他会带我们去距离马德里40分钟车程的洛杉矶圣拉斐尔训练场进行为期两周的训练。从训练的第一天起，队员们就要在高尔夫球场上进行高强度的跑步爬山训练。我还看到过年轻球员们跑到呕吐。不过，多亏这些高负荷的训练，我们才能在一整个赛季中生龙活虎，在长达90分钟的比赛里不断压迫对手，用疯狂的跑动覆盖每一寸草皮。

赛季初，我到达训练营时其他球员早就于几天前开始训练了——因为参加了世界杯，球队让我多休息了几天。不过我很快就发现自己还不能完全适应这种强度的训练，尤其是教练安排的跑步练习，在皇家社会时我从来没这样跑过。除此之外，他每天早上还会仔细检测球员的体脂含量。自从来到马竞之后，我的体重再也没有超过72千克。

不过在与毕尔巴鄂完成帽子戏法后，我就基本适应了这种高负荷的常规体能训练，并且收效显著。在马竞的第一个赛季，我一共打入25粒进球，其中22粒来自西甲，创造了生涯新高。此外在欧冠联赛中，我们打进八强，不过在四分之一决赛时被皇马淘汰。这个赛季我总共参加了 53 场比赛，为俱乐部赢得的第一座奖杯是西班牙超级杯。

当有些人在赛季初指责我缺乏效率时，西蒙尼在新闻发布会上明确表示："格里兹曼是一位技术全面的边锋。当他接近球门时，他会显示出自己作为足球运动员的卓越能力。他需要一段时间来发掘自己的所有特点：良好的空间位置感，优秀的短传和长传能力，出色的中距离射门技巧，以及充沛的体能。我们希望年轻球员可以逐渐成长为球队的中流砥柱。"

在西蒙尼的执教下，我每天都能取得进步，我希望能一直跟着他踢球。如果去年夏天他离开球队，我也很可能会追随他而去。

西蒙尼对战术的理解非常通透，比如球员在场上的站位。他不会和球员们讲很多东西，但是当他要嘱咐一些事情时，他会把某个球员拉到一边进行面对面的交谈。他非常信任球员们，即使一个球员已经连续两场没有取得进球，他也不会随意将他替换下场。开战术会议时他总是发火，如果你不了解他的话很可能会被他吓到，但正是这种肢体语言给了我们激情和活力，敦促我们不断进步。

因为迭戈·西蒙尼，我真正了解了自己，踢出了自己的风格。我们非常信任对方，相处愉快。

比赛期间，西蒙尼总是穿一身黑色衣服，展现出无可否认的魅力。他的战略思维清晰而独特，令球员们和球迷们都对他无比尊敬。他让马竞成为人们关注的焦点，开启了新的辉煌。

不过，在球队里他从没有跟我们谈起过他的球员时代，也从来不干涉我们的训练，除了中锋在球门前进行头球训练时他会偶尔过来指导一下。对于球队的事，他会和我进行一些交流，但如果涉及球员的招聘问题，我就绝对不会发表意见，也不会向俱乐部推荐某位球员，这不是我的风格。

另一个迭戈也很重要，他就是迭戈·戈丁。戈丁是我在球场上最靠谱的队友，我们很有默契，出行时我们也都坐在一起。除此之外，我们的妻子的关系也很好。

除了迭戈，还有尼古拉斯·盖坦、安赫尔·科雷亚、何塞·马里亚·希门尼斯都是我最亲近的朋友，我们因马黛茶而结缘。

我和科克、队长加比、扬尼克·卡拉斯科、凯文·加梅罗关系也很不错，我们都是天生的足球运动员。凯文·加梅罗之前在塞维利亚效力，赛季刚开始时才入队。他会说西班牙语，这使得他很快就融入了团队。

我们喜欢在比赛前互相开玩笑，诸如"今天该你给我传个好球了"之类的。他给我传的球都很漂亮，当然我也不遑多让。凯文的加入让我们如虎添翼。来到马竞后，时隔五年他又重新入选了法国队，我为他感到高兴。去年12月31日，他还和他的妻子来到我家与我们一起迎接新年的到来。

马竞就像一个大家庭一样。这里的更衣室和皇家社会一样都很平静。起初我很吃惊，因为俱乐部刚刚获得了西甲冠军，杀进了欧冠决赛，本是值得庆贺的事情，但球队上下的表现都很淡定。马竞内部也没有任何小集团，球队氛围非常融洽，所有人都很努力。

前进，马德里竞技！

马竞主场比森特·卡尔德隆球场是以俱乐部前任功勋主席的名字命名的，球场文化是全员投入防守，为了胜利永不放弃。卡尔德隆球场坐落在城市南部，位于曼萨纳雷斯河沿岸，虽然有些老旧，但是当全场55000名球迷一起振臂高呼时，也无比震撼。

和皇马打比赛时，我一入场就看到球场上20000名球迷聚在一起，穿着我的新球衣，来为我捧场，那样的场景令我终生难忘。

这个球场见证了太多的风风雨雨，也承载着马竞人的光荣与梦想。下个赛季俱乐部决定启用一个规模更大、可以容纳67500位观众的现代化球场，卡尔德隆将会成为历史，但人们一定不会忘记它曾经的辉煌。

公众的热情和认可是球员最大的动力，我最喜欢的进场方式就是穿过人群，从球迷们中间出场，这样我会受到更大的鼓舞，可惜通常情况下，我们都是从进场通道直接走上草坪，除非是一些大型见面会。

相比于一场精彩的比赛，胜利才是球迷们最关注的事情，所以球员们都会竭尽全力。在球场上，如果谁的球衣没有被汗水浸透，那换来的就只能是一片嘘声。

去年的欧冠联赛中，我们在小组赛里打得并不顺畅，晋级之路十分艰难。第一场比赛我们表现得非常高效，在伊斯坦布尔以 2：0 拿下加拉塔萨雷[1]，我也在 10 分钟内就完成了梅开二度。但是 15 天后，我们在主场惜败本菲卡[2]，之后我们 4：0 战胜阿斯塔纳，然后又在哈萨克斯坦互交白卷。不久后我们再一次以 2：0 的比分拿下加拉塔萨雷，我独中两元，一粒头球，一脚射门。当我离开球场时，球迷们都为我欢呼喝彩。

就这样，我们进入了八分之一决赛，对手是 PSV 埃因霍温[3]，比赛异常艰辛。第一回合，我们与荷兰人 0：0 战平。比赛第 30 分钟时，我单刀直面门将佐特，本想用一记挑射打门，可惜由于我脚上的铁钉鞋与球表面接触时产生阻力，球没能跳起越过门将，痛失了得分的机会。

第二回合比赛中，尽管我们多次攻门，但始终没能获得进球。加时赛结束后，我们不得不通过点球大战来一决胜负。通过一记直打球门死角的完美射门，我率先得分。最后我们以 8：7 战胜了 PSV 埃因霍温。这场胜利真的是来之不易，直到胡安·弗兰打进本场比赛的第 15 粒点球完成绝杀，我们才获得了最终胜利，成功晋级四分之一决赛。

我们来比赛的目的就是想要赢得这个宝贵的晋级资格，虽然过程很

---

[1] 加拉塔塞雷，土耳其足球俱乐部，长期位于土耳其联赛前列。

[2] 本菲卡，葡萄牙足球俱乐部，葡萄牙联赛传统强队，与波尔图、里斯本竞技齐名。

[3] 埃因霍温是荷兰足球队，荷兰联赛传统强队，和阿贾克斯齐名，以善于培养人才著称。

艰难，但是我知道我们是不会被轻易战胜的。

马竞在联赛中的势头也很猛，我们在伯纳乌球场战胜皇马就是最好的证明。这是齐达内上任以来遭遇的第一次失败，比赛中，我接到菲利普·路易斯的漂亮助攻打入了全场唯一的一粒进球。

之后我们做客诺坎普球场，和巴塞罗那在欧冠赛场上相遇。比赛中，路易斯·苏亚雷斯发挥出色，凭借他的梅开二度帮助巴塞罗那以 2 ∶ 1战胜了我们。

这是一场富有戏剧性的比赛，依靠费尔南多·托雷斯的进球，我们首开纪录，然而在上半场快结束的时候，我们的功臣费尔南多·托雷斯因为身背两张黄牌被罚出场。这就意味着在长达一个小时的比赛里我们只有 10 个人作战，但我确信我们仍有机会翻盘。平日刻苦的训练造就了我们良好的体能素质，再加上球迷们对我们的鼓励，我相信我们一定可以实现壮举，淘汰掉卫冕冠军。

第二场比赛我们坐镇主场卡尔德隆球场迎接巴塞罗那的挑战。球场很干燥，这对我们非常有利，因为如果草坪太湿润的话，比赛节奏会很快，而巴塞罗那正是一只擅长快节奏的队伍。

这场的"剧本"非常完美，萨乌尔左脚外脚背挑传给我，我高高跳起以一记漂亮的头球率先攻破球门——幸运的是我并没有越位，因为我躲在丹尼尔·阿尔维斯的后面。这一球不仅见证了我的进步，也检验了我在球场上是否足够机敏，是否能像狐狸一样"狡猾"。

随后，由于伊涅斯塔的手球，我获得了一次点球机会。我将点球成功打进，顺利地梅开二度。这两粒进球是我本赛季的第 28 和 29 粒进球。

整个晚上我仿佛都在梦境之中，直到罚进点球后教练将我换下场，全体球迷对我报以热烈的掌声。下一个对手是谁，我们不断猜想着，预感中会是皇马，就像去年一样，但是我们并不期待这件事情的发生。

得知抽签结果是拜仁慕尼黑的时候我们正在训练，我们深知这也是一个非常强劲的对手。在主教练何塞·瓜迪奥拉的带领下，他们保持着和巴塞罗那相似的比赛风格，快节奏持续控球，并掌握场上主动权。

和拜仁的比赛首回合在卡尔德隆举行，和上一次对阵巴塞罗那一样，这次比赛的球场也很干燥。球迷们从头至尾都为我们呐喊助威，我们也不负众望，11 分钟时首开纪录。萨乌尔·尼格斯从左路发起进攻，一脚弧线球成功破门，之后全队上下奋力投入防守。我们打得不算精彩，但是却很高效。最后凭借这粒全场唯一的进球，我们以 1∶0 获胜。

第二回合在拜仁主场举行，哈维·阿隆索有如神助，在比赛第 31 分钟时，他主罚的任意球为拜仁拔得头筹，两场比赛总比分被强势扳平。

在比赛的第 34 分钟，拜仁获得了一次点球机会，托马斯·穆勒主罚，但是球被杨·奥布拉克成功拦截，随后阿隆索的远射也被奥布拉克成功扑出。这个点球很可能成为比赛的转折点，如果他们以 2∶0 领先的话，情势就不容乐观了。

拜仁在上半场发挥出色，这是球队自瓜帅执教以来最精彩的表现，就上半场的情况来看，他们略胜我们一筹。在更衣室里，教练不断鼓励我们，要求我们倾尽全力，并坚信我们一定会进球，一定会突破难关成功晋级。

下半场开始了，比赛的第54分钟，在一次防守反击中，我们的后场断球后送长传，我刚过中场就头球回点给费尔南多·托雷斯，他顺势直塞，然后又把球回传给我。我抹过阿拉巴，像火箭一样直奔曼努埃尔·诺伊尔的球门。这是一次单刀机会，我迫不及待地想要大力抽射，但是在最后一刻，我抑制住自己的冲动，左脚推射，成功破门。这粒进球意味着马竞的一只脚已经踏进了欧冠决赛的大门。现在我们要做的，就是保持这股良好的势头，然而这可不是一件轻松的事情。

在比赛的第74分钟，罗伯特·莱万多夫斯基为拜仁再入一球，不过我们还是保留着晋级资格。但是如果拜仁再进一球的话，我们就要被淘汰了。不过在第84分钟，由于哈维·马丁内斯在禁区内犯规，费尔南多·托雷斯获得了一次点球。如果他打入这一球，我们就可以纵情庆祝了，但是很遗憾，门将曼努埃尔·诺伊尔将点球扑出。

我承认，那个时候我紧张到有些颤抖。队友们真的很优秀，他们奉献了一场疯狂的比赛。我后来还和队员们说："这是迭戈·西蒙尼执教以来最艰难的一场比赛。"我请求教练将我替换下场，因为我觉得我们现在势头受挫，需要派上一名新的球员来活跃球队气氛。有一次拜仁从边路发起猛烈攻势，我应该去封锁进攻球员，但是我真的没法继续防守了。

很多人都不知道，本来我可能没有办法参加第二回合的比赛，因为肌肉受伤，跑动的时候大腿后侧疼痛难忍。但是我并没有告诉教练，只和队医热苏斯·巴斯克斯说了这件事。

他告诉我说："不用担心，我们会帮助你做一些治疗，然后你就可以上场了。"就这样我接受了治疗，但是我对自己仍然没有信心。

比赛的那天早上，我甚至想去告诉教练我的情况非常糟糕，因为我连走路都有些困难。但最终我还是选择服用一些消炎药，坚持比赛。后来我把我的球衣送给了队医热苏斯，我非常感激他，多亏了他，我才能获得那一次进球。

与此同时，我们也正处在西甲联赛的关键时期，因为我们和巴塞罗那的积分相同，但是两天前我们输给了莱万特，我在中场上场时比分是1∶1平，可他们很快又打进一球。西甲第38轮，我们战胜了维戈塞尔塔。那场比赛我首开纪录。但即使这样，我们还是名列第三，比巴塞罗那少3分，比皇马少2分，最终我们将和皇马会师米兰的欧冠决赛。

永远不会放弃

2016年5月28日在圣西罗球场①举行的那场比赛给我留下的印象

① 圣西罗体育场，欧洲知名体育场，意大利强队AC米兰和国际米兰共同的主场，虽然知名，但基础设施一般，屡次为媒体和球员诟病。欧足联规定欧洲俱乐部之间赛事的决赛只进行一场，场地在开赛之前就已经选好，每年更换不同的国家，所以，欧洲冠军杯决赛和欧足联欧洲联赛决赛的场地在极大概率上对于参赛双方都是中立场地。

很复杂。那天球场上聚集了 70000 名观众，我却丝毫没有被这种气氛所打动。起初，大巴车到达球场附近时，我开心地看着外面的球迷，然而当音乐响起时，皇马的一些球迷便开始朝我们的车窗扔易拉罐。好在往前开了几米后就是马竞的球迷了，他们不停地为我们加油鼓劲儿，拍着我们的大巴车期望给我们带来好运。

开场我们和皇马势均力敌。比赛第 15 分钟，托尼·克罗斯获得任意球机会，他起脚远射，随后塞尔吉奥·拉莫斯将球捅入球网。1：0，皇马率先得分。

是时候加快脚下的速度了，不过我相信我的队友们，我在场上的感觉也还不错。我站在卡塞米罗的后面，在巴西后腰和中后卫之间，想要给他们制造一些麻烦和威胁，并且找机会尝试射门。

中场休息的时候，教练也表达出对我们的信心，他说："我觉得我们会将比分扳平，进而取得最终的胜利。"

下半场刚开始，我们就获得了一个点球机会，因为当我将球传给费尔南多·托雷斯的时候，佩佩在禁区内对他犯规了。从麦克·卡顿保的哨子吹响一直到走向罚球点的这段时间里，我的脑子里只有一个想法："如果射正的话，这球就能进。"

于是，我不再犹豫，起脚射门，然而打出的球却被横梁弹了回来。我一下子傻了，汹涌而来的负面情绪瞬间将我湮没。

不过我心里清楚，我必须重新激励自己，尝试去忘记刚才的失败。现在我要做的，就是尽可能多地射门以此来重新找回信心。值得庆幸的是，在比赛的第 79 分钟，替补上场的扬尼克·费雷拉·卡拉斯科将比分扳平。

卡拉斯科的进球对我来说就像是一次救赎，因为我一直在为自己罚丢点球而内疚不已。直至今天，每每想到那场比赛，我还有这种感觉。我总是在想，如果当时我打进那粒点球的话，我们就可以轻松拿下那场比赛了。

常规比赛时间结束，比分 1 ：1 平，裁判示意进入加时赛。然而30 分钟的加时赛后，我们依旧没有决出胜负，于是又上演了点球大战。这一次我连一秒钟都没有犹豫，自告奋勇做第一个执行点球的人。我对自己说："如果你没有打进点球，你的队友还有四次机会来弥补你的过失。"

我希望我们的超级门将奥布拉克能够扑出对方的一粒点球。面对对方门将卡罗尔·纳瓦斯时，我在起脚瞬间仔细观察他鱼跃的方向，然后把球大力打向门的另一边。进球后，我大喊了一声，一方面是因为我太压抑了，想释放自己，另一方面也是为了鼓舞我们的士气——"我早就该打进这一球了！"

可惜的是，我们的第四个点球队员胡安·弗兰将球踢到了门柱上。随着 C 罗的点球成功入网，皇马以本场比分 5 ：3、总比分 6 ：4 的成绩卷走了欧冠的胜利。

在更衣室里，没有人因为我罚丢了点球而责怪我，然而我却哭了。我们接连淘汰掉 PSV 埃因霍温、巴塞罗那和拜仁才得以如此接近冠军的目标，如果再多来一点运气的话，举杯的应该是我们吧！本来打算如果成功捧杯的话，就在家里举行一个派对，显然，这个想法泡汤了。

我没有太多时间来反思自己的失败，因为两天后我就要回到法国队，我必须把注意力转移到备战欧洲杯上。

然而接下来的几个晚上，我还是会不自觉地想起欧冠赛场上的失利，直到和罗马尼亚的欧洲杯揭幕战开始后，我才渐渐从阴霾中走了出来。

这是我在马竞的第三个赛季了，我被评选为 2016 年 9 月的西甲最佳球员，在 4 场比赛里打入 5 粒进球，并送出一次关键性助攻，成功帮助马竞荣膺西甲头名。不过在接下来对阵瓦伦西亚的比赛中进球后，我便开始了为期 10 场的进球荒。

似乎每年到 11 月的时候，我都会由于疲劳和压力变得没有食欲。利用假期的时间，我在家里做了一个短暂的休养，这才重新找回状态。

到 2017 年 3 月中旬，我在 27 场联赛中打入了 14 个进球，帮助马竞完成了预定的目标——拿到第四个晋级冠军联赛的名额。

我们是 D 组头名，拜仁慕尼黑位居第二。八分之一决赛的时候，我们淘汰了勒沃库森，第四次进入欧冠四分之一决赛。这场比赛激励着我，因为在和莱斯特城对战之前，我已经在欧冠打入 4 粒进球。

2017 年 2 月 21 日，我在德国对阵拜仁的比赛中打入一球，至此我在 29 场比赛里打入了 13 粒进球，成为马竞历史上又一位欧洲杯最佳射手，超越了路易斯·阿拉贡内斯在 1974 年创造的纪录。

阿拉贡内斯是马德里的传奇人物：身为前锋他在马竞服役长达 10

年之久，取得两次联赛冠军和两次杯赛冠军，然后转型做了马竞主教练。在 10 多年的主教练生涯中，他带领球队获得一次西甲冠军、三次国王杯冠军、一次超级杯冠军和一次国际杯冠军。同时他也是西班牙国家队的主教练，是他帮助西班牙队登上了 2008 年的欧洲杯冠军宝座。

而现在，我也成了马竞历史的一部分，我为此感到十分自豪。

第十五章

场上冷血杀手，
场下队友情深

我不仅是一个终结者

根据各种出版物的报道，我的身高是 175 厘米或者 176 厘米。那么真实的数据是多少呢？我也不知道，或许介于两者之间。当初我在法国参加测试时，所有的招募者都告诉我，我的身高会成为我的限制条件，可事实上这从来都不是我的障碍，因为自从来到西班牙以后，一切都改变了。

在皇家社会，我不再听到诸如"你个子很矮"之类的话，而是一些更直接、更切题的询问："你感觉自己踢得怎么样呢？"

和其他小孩相比，我可能发育得有些缓慢，但是我知道我还会继续生长。当然，很显然我是不可能长到 2 米了，但这对我来说并不重要。我不具备现代足球运动员的身材，现代足球运动员更高大，并且运动能力更强，但是我也有我的特长。

当一个身材不高的人在 1 米 93 的曼努埃尔·诺伊尔和他的长臂面前罚点球时，他自然而然地会有些忌惮，但是我从来不认为对手高大的身材会给我造成心理障碍，至少我从来没有过惧怕。

不过，我也不是很喜欢和佩佩、塞尔吉奥·拉莫斯①这样的中后卫进行正面交锋。这种类型的球员会一直缠着你，让你很难移动。好在我有自己的应付方式，每当遇到这种比普通球员更高大的对手时，我就会来回盘带，把他们引到左路或者右路，然后利用我们的反应时间差打他们一个措手不及。因为在一般情况下，身材高大的球员很难跟得上身材娇小的球员。里奥·梅西就是小个子球员的代表。

我不是一个肌肉男，也从来不去健身房，因此，如果我想在这个联盟立足的话，就需要充分利用我的平衡性、我的带球速度、我的技巧和我善于躲闪的能力，我必须学会在球场上变得"狡猾"。我讨厌身体上的接触和碰撞，因此我受伤相对较少一些。我很清楚，我不是一个擅长盘带和控球的球员，为了弥补身材矮小的劣势，我必须要以速度战胜对手。

在球场上，我是一位凶残的杀手，但是对于团队我饱含深情，这其实并不矛盾。我的教练迭戈·西蒙尼有种固执的看法，他希望我进球，希望我不断向球门发起进攻。而在我这里，我更希望自己变成球场上的"狐狸"。

---

① 佩佩和拉莫斯属于身材高大、身体强壮但动作灵活的后卫，他们防守凶悍，喜欢身体接触，喜欢与前锋直接对抗，这往往让身材较为吃亏的前锋很头疼。

年轻的时候，我喜欢 AC 米兰的菲利普·因扎吉①，我一直看他的比赛。虽然他在赛场上并不是那么引人注目，球风也不是非常华丽，但当比赛结束时，你会发现他已经打入了两粒进球，而你却完全没有意识到。有些人并不认为他是一名伟大的球员，然而，每一名教练都希望自己的阵营中有因扎吉这样的球员。

教练不喜欢看到我回传，可是从很小的时候起我就喜欢传球，现在也一样。刚到马竞的那段时间非常艰难，因为教练总是要求我进球。然而我觉得自己并不是托雷斯（托雷斯是马竞最出色的射手，身披 9 号球衣），我也并不痴迷于进球。一般情况下，每场比赛我最多只有两次射门而已。

一次跟随法国队在阿姆斯特丹对阵荷兰队时，全场比赛我一次都没有射门，因为在比赛中我没有看到任何绝佳的机会，因此我选择不起脚。这听起来会令人感到沮丧，但是有了保罗·博格巴干净利索的射门，我们最终还是打赢了比赛。在我看来，球队的胜利才是最重要的。

或许我应该争取更多的射门机会，但是我会服从队长的安排，绝不会不计后果地单打独斗。我很少远射，除非有时候突然来了灵感。比如

---

① 因扎吉是足球世界中比较奇特的一种世界级前锋，他的绝对速度和带球、护球、过人技能都很一般，身体对抗也往往非常吃亏，但就是能够在禁区里寻觅到射门机会，并用一切办法将球踢进球门。有人曾形容因扎吉，可能整场比赛都没有镜头，但当镜头对准他时，他就进球了。凭借这种奇特的才能，因扎吉一直保持着欧战最高进球数这一荣誉，直到被梅西和 C 罗双双打破。

有一次与拉科鲁尼亚的比赛，为了扳平比分，当我看到对方门将出击时便突然左脚大力射门。

通常情况下，我更喜欢推射，喜欢干净利落的动作，而不是花里胡哨的表演。在我的记忆中，我在一场比赛中射门从来没有超出过 5 次。

唯一例外的一次是在与阿拉维斯的比赛中，我全场射门 5 次，但是全部落空，这也是我第一次多次射门却毫无收获。我知道人们会根据我的进球数来判断我的能力，当然了，能进球自然皆大欢喜，但是我不会以进球为首要目的，为队友贡献关键的助攻也能让我有同样的幸福感。

从内心来讲，帮助凯文·加梅罗攻破保加利亚球门或者帮助扬尼克·费雷拉·卡拉斯科打开拜仁的大门，都可以让我和自己进球时一样高兴。

我可以站在球前面 30 分钟而不去碰它，如果球队需要接应，我会随时后撤——即使我的教练不太高兴我这么做。我喜欢破坏对方的防线，为队友创造机会，如果我能在球场上担任自由人位置的话，我将会非常高兴。即使球队要求我去防守也没有任何问题，只要给我主动权，我愿意做任何事情。

我很自豪，因为我是一名技术全面的球员，无论是防守还是进攻都应付得来。我经常铲球——这是一种在球场上前锋们很少会做的动作。

就拿上一届欧洲杯来说，人们首先记住的就是我的进球数，至于其他的表现就不甚关注了。的确，射手是人们关注的焦点，但我对自己的定位不单是射手，而是一个更为全面的球员。我希望以后，人们在想起格里兹曼这个名字时会说：格里兹曼是一个全能前锋，作为一个射手，他知道自己在场上要做什么，他会以集体为重。我明白球员数据的重要性，有时候我或许应该更自私一些，但这不是我的风格。

我的技术习惯

我非常尊重科克和队长加比，他们不张扬，不站在镁光灯下，也不是人们讨论的焦点，但是他们一直在帮助球队赢球，为球队贡献自己的力量。在此我想表达的是，尽管低调，但他们这些年为球队做出的贡献，大家都是有目共睹的，每一次的成功都源自他们不懈的努力和付出。我也会以他们为榜样，为球队贡献自己全部的力量。

其实在马竞，大家都非常团结，每个人都竭力维护着球队的利益。一个好的队友应该帮你赢得比赛，而不是让你陷入一场争斗。

我的强项是预判，当我拿到球时，我就已经提前观察好了队友们的位置。我会马上分析场上局势，然后打防守球员一个措手不及。为了给防守球员制造麻烦，我会拉开到边路，或者躲在队友身后，然后请求禁区内队友的援助。

如果我需要从防守者面前穿过，或者是充当后卫接应队友，我会预判球的落点或者是中锋的落位，然后在那里等着——最关键的就是提前出现在球的落点位置。

我常常看俱乐部提供给我们的比赛录像，教练也会在比赛前一天和我们一起观看。每次比赛结束后，我还会收到一封电子邮件，里面记录了我在场上的所有表现。这封邮件可以帮助我分析比赛中我所忽略掉的细节。

在训练中，我精神高度集中，认真地做每一个动作。因为在基本功上的熟练，保证了我可以去尝试一些新的技巧，以此来改进我的转身和进攻技术。当我对自己没有信心或者要踢一场非常重要的比赛时，我还会给自己加练。每次比赛的总结会议结束后，我还常常一个人待在会议室反思自己的一系列射门。

我喜欢冒险，喜欢不断挑战自己。有时候我会和别人打赌，赌自己在接下来的 5 次射门中能否至少打入 3 球。或者是赌点球，如果门将能扑出我的点球，那我就送对方一瓶红酒——不过直到现在我还没有损失过一瓶红酒。这种打赌是放松的，但同时也是有压力的，这种压力于我而言也是有益的，就像一剂肾上腺素一样，我需要竞争，需要和球进行交流。

早些时候，当我接到球时，即使我的面前没有防守球员，我也会赶快把球传出去。而现在，我一直在尽力使用转身这样的技巧动作，努力给防守球员造成威胁。

教练教会了我很多东西，他将我换到了边锋位置，充分发挥了我的长处，使我的能力得到了进一步提升。于是我对自己充满了信心，并去勇敢尝试新的技术动作。

我也会格外注重恢复训练和健康生活，我很清楚自己的身体状况，我知道什么时候我需要休息和睡觉。即使有时候我想吃麦当劳，想吃汉堡，我也会控制自己的饮食。我从来不会吃得太饱，但会保证每天的饮水量。最近，我还聘请了一位厨师在家里为我们做饭，一方面是为了我们的饮食更均衡一些，另一方面也是为了减轻艾瑞卡的负担，毕竟她还要照顾米娅。

我是一个贪吃的人，我喜欢吃碎肉牛排，或者是我母亲做的马铃薯饼，距离比赛的时间越长，我就越放纵自己。但随着比赛慢慢接近，我会调整自己的饮食。

在马竞，队员们每天都需要称重，俱乐部会格外关注我们的体脂含量。体重轻的当然没什么事，但只要有球员超重，体能教练和主教练就会向他发出警告。我可以向你们保证这种方式是非常有威慑力的。

第十六章

征战中路：
我仍然在成长

欧洲杯征程

　　我一直不能原谅自己，欧洲杯结束了，但伤痛还是那么真切。当我走向主席台去领取金靴奖——一项为比赛中最佳射手设置的奖项——的奖杯时，我与迪迪埃·德尚四目相对，我用颤抖的声音对教练说："我很抱歉球队没能夺冠，我尽力了，但还是十分抱歉。"这些都是我内心最真实的想法。

　　他安慰我说："你不必感到内疚，你已经做得很棒了，这没有什么的。"

　　当然我很高兴能得到欧洲足联授予的荣誉，但这并没有让我感到骄傲。那时候，和我所有的队友一样，我也感觉很受挫。很遗憾在赛场上没能找到葡萄牙队的致命弱点，没能让球队走上最终的领奖台。

　　我不会只考虑我个人的荣誉，而且也很厌恶那些在赛场上或者在更衣室里只考虑自己的人，我认为我们都应该以大局为重。在欧洲杯的赛场上，我还会考虑那些老球员，因为这将是他们在国际赛场上最后的表演了。

　　比赛的结果是残酷的，但也不妨碍我保留一些美好的记忆。就像八分之一决赛对战爱尔兰的下半场比赛，因为它改变了一切。那场比赛在里昂举行，距离我的家乡马孔 70 千米的里昂。

　　赛前按照教练的 4-3-3 队形，我作为边锋出战。中场的时候，更衣室里气氛非常压抑，平时很健谈的雨果·洛里斯、史蒂夫·曼丹达和帕特里斯·埃弗拉说："嘿，伙计们，就算尊重对手，我们也不能被爱尔兰队淘汰了吧？这是不可能的。而且还是在我们自己的地盘上。现在，振作起来，把他们都轰回老家去！"

　　迪迪埃·德尚经过一番思考，终于松口说："现在调整队形为 4-2-3-1，安东尼居中。"听到这些，我心里一阵暗喜，到我大展身手的时候了，这是我的主场了！

　　当然，45 分钟内想扭转大局似乎有些困难，但是我能感觉到自己的机会到来了，我一直等待的时刻就是现在。

　　重新回到草坪上，我来到了中路，在奥利维尔·吉鲁周围活动，之后金斯利·科曼换下恩戈洛·坎特，与迪米特里·帕耶在边路进行配合。我终于可以按照我的想法来踢这场球了，我甚至觉得这次调整可以让我成为我理想中的样子。

　　我对自己很有信心，在西甲对阵巴塞罗那和拜仁慕尼黑的时候，我的得分就说明了我具备这样的能力。现在和爱尔兰队比赛，我想再一次证明我的水平。

　　下半场我们火力全开，和上半场完全不是一个状态。比赛一开始双方就进入了激烈的争抢，这也完全激起了我们获胜的欲望。观众席上喊声震天，大家都铆足了劲儿为我们加油助威。

第 58 分钟，巴卡雷·萨尼亚在右路一个漂亮的传中，将球送至点球点，我高高跃起头球攻门。在当时的情况下，如果头球的力度稍有不足，球就会被门将挡出，好在我找到了最佳时机，全力一击，把球顶向远角。球从达伦·爱德华·兰多夫的指尖飞速滑过，稳稳地落入网中，比分扳平了！

我欣喜若狂，一下子有点不知道该如何庆祝了，径直冲向了替补席。

3 分钟之后，劳伦特·科斯切尔尼后场一记远传，奥利维尔·吉鲁将对方两个中卫引到一侧，头球摆渡。我带球突入禁区后，左脚推射，命中球门，在短短的 180 秒内就将比分反超！

进了第二个球后，迪米特里·帕耶屈膝在地，捧起我的左脚，还做出了亲吻的动作。这一次庆祝让我想起了德雷克，我伸出大拇指和小拇指上下晃动，模仿他的说唱歌曲《电话响起》里的动作。其实我早就想好这个动作了，只是对阵阿尔巴尼亚进球后我太激动了，根本没想起来。

当时在那个节点上，我有信心能够进球，这听起来似乎有些自大，但确实是这样。我的教练们平时就要求我培养这种自信。

第二个进球奥利维尔功不可没，他用他高大的身材挡住对方球员，为我扯出一道口子，给了我更大的空间。他是整个球队的支点，发挥着枢纽的作用。球场上我总是配合他移动，以便接到他的传球。

好不容易将比分反超为 2∶1，我们一定不能再丢球了，全队上下努力守护着这份战斗成果。第 66 分钟的时候，肖恩·达菲在我身后铲球被红牌罚下，我们的优势更大了。

另外还有两次，在迪米特里传中后，我都险些进球，差一点就完成了帽子戏法。自2004年齐达内之后，我是法国队在欧洲杯赛场上第一个连进三球的球员。

赛后，我就把比赛的足球送给了玛格楠维尔寓所被刺杀的警察[①]的儿子。这个11岁的小男孩得到了法国队的队服和腰带，我把队友们共同签名的比赛用球也送给了他，我希望能通过自己的努力让他开心一下。既然我们有能力去满足一些人的梦想，那为什么不去做呢？

有的人会很草率地去评价一个足球运动员，但其实我们不像一些评论中说的那样冷酷无情。我一直相信一个微笑、一个手势、一张照片都能让粉丝感受到我们的爱。

进军决赛

结束了与爱尔兰的比赛之后，我的欧洲杯淘汰赛之路正式开启了。

[①] 2016年6月13日晚上，法国巴黎发生了一起恐怖暴力事件，一对法国警官夫妇在巴黎郊区玛格楠维尔寓所被人持刀杀害，凶手是一名宣誓效忠极端组织的法国籍男子。此事在法国引起轩然大波，很多民众走上街头悼念遇难者，并谴责极端组织。

教练有时候很固执，所以我很害怕在四分之一决赛的时候他又回到4-3-3的队形。不过在这一周里，他在训练中总是和我们互开玩笑，气氛非常轻松融洽。从那时起，我们之间的感情更为深厚了，我跟他聊天也不那么拘谨了，与他的助理盖伊·斯特凡也是这样，所以在球队里我的感觉越来越好。

我们都认为，四分之一决赛的对手一定会是英格兰，但结果我们迎来了冰岛。能避开英格兰队我其实是很高兴的，因为在我的想象中，如果对手是英格兰，那我们一定会陷入一场恶战。

不过冰岛这匹黑马也不容小觑，因为这个国家33万的居民当中就有2万人踢足球，虽然这是他们第一次参加国际赛事，而且其中大部分球员都在瑞典或丹麦接受训练，但是如果我们过于自大也难免会马失前蹄——如今这个火山岛国脚下正热，想轻易拿下并非易事。在欧洲杯的选拔赛中，他们两次击败荷兰就是明证，并且他们曾紧追葡萄牙和匈牙利，战胜了奥地利，还淘汰了英格兰。

我们花了很长时间来研究冰岛队的长传冲吊，尤其是界外球，在他们那里有臂力惊人的球员，所以界外球就等同于角球。

然而让我们没有想到的是，7月3日星期日这一天，梦幻般的剧情再次上演。我又一次被安排在中路的位置上，队员彼此间配合默契，一切都进展得非常顺利。只用了半场的时间，我们就已经以4∶0领先了。奥利维尔·吉鲁首开纪录；我开出角球后，保罗·博格巴抢点头球得手，再进一球；第43分钟时，我为迪米利特·帕耶贡献关键助攻，他为我们拿到了第三个进球；两分钟之后，轮到我一展身手了，保罗后场直塞，奥利维尔轻巧地一漏，我单刀冲向守门员，在球门左侧一记吊射轻松破门。

我冲向替补席和大家分享我的快乐，所有人都跟我说："我就知道你要用这种动作了……"的确，平时训练的时候，如果没有守门员，我就喜欢用这种方式自娱自乐。随后我一头扎进草坪，然后又模仿吸奶嘴的动作，因为我想把这一粒进球献给我的女儿米娅。

下半场，我们依然占有主动权，奥利维尔为球队再添一分，但冰岛也两次成功攻破了雨果·洛里斯把守的大门，最终我们将比分定格在了5：2。

四天之后，在马赛的维罗德洛姆球场，我们迎来了实力强劲的德国队。两年前，正是他们在巴西世界杯四分之一决赛中将我们淘汰出局。

1958年，法国队在世界杯中战胜德国队，获得第三名，但是从那以后，我们就再也没有在任何大型比赛中赢过德国。不过我不会被这种想要复仇的情绪冲昏头脑，这些都已成为历史，我们所希望的只是在7月7日星期四这一天后，能有机会和葡萄牙队在欧洲杯的决赛中一争高下，因为他们在前一天刚刚淘汰了加雷斯·贝尔的威尔士，拿到了决赛的入场券。

马赛球场上的气氛很棒，我非常喜欢那个体育场，它是那一届欧洲杯最漂亮的球场，到场的观众也无比热情。

法国队的首发阵营和对战爱尔兰时一样。我又一次出现在了中路，在奥利维尔·吉鲁周围活动，这是教练对我莫大的信任。我们高质量地完成了热身运动，不过大家感觉草坪的状况比较一般，这对比赛不太有利。

开场不久我就为自己赢得了一次机会，我与布莱斯·马图伊迪进行撞墙配合，之后快速渗透，在禁区右侧边沿起脚打门，可惜球被门将倒地扑出。但这是一个好的开始，我感觉到自己信心大增。

我们的战术在于把控球权交给德国队，主动让出球权之后争取获得反击机会，这样的战术很快便取得了成效。第45分钟时，也就是在中场休息前，我开出一个角球之后，德国队塞巴斯蒂安·施魏因施泰格与帕特里斯·埃弗拉争顶时在禁区内手球犯规。在当时的情况下，裁判的哨声于我而言就是莫大的惊喜。

点球由我来主罚，我把球打向曼努埃尔·诺伊尔的右侧，而他倒向了左边。事实上，这个球我打得并不是很完美，当我将球放到点球点的时候，我的脑子里一直在想："一定要把联赛中输掉的弥补回来！"我没有让一个月前对战马德里时的失败影响到我，"你就大胆地去踢吧，这样就……"我告诉自己。于是我选择了空隙比较大的一边。

球进了！整个赛场沸腾了，我的心里也终于得到些许慰藉。整个上半场，一切进展顺利，但我们还是一刻都不能放松。在中场的更衣室里，我们得到的命令是："严防死守，一粒球都不许放进！"

下半场我们顶住了德国队的压力，队长雨果·洛里斯更是贡献多次神扑，屡屡化险为夷。幸运之神在第72分钟时再次眷顾了我们。保罗·博格巴在面对德国队的防守球员时用一个漂亮的牛尾巴过人动作成功摆脱传中，曼努埃尔·诺伊尔在门前用指尖将球推了出来。好在我早有准备，一直在禁区内伺机争抢球的二次落点，等到球落地后快速用左脚脚尖将球捅入球门，为保罗的表演画上圆满的句号。2：0！凭着运气，我再一次成功！

马赛体育场为我们带来了好运！伤停补时阶段教练用约翰·卡巴耶将我换下，让我得以感受全场球迷的热烈掌声，与观众互动永远是一种非常美好的感受。

裁判吹响终场哨后，我们像冰岛人一样用风靡全球的维京式鼓掌礼与球迷们一同享受胜利的喜悦，所有人都高兴得像个孩子，一点都不舍得离开，希望能多感受一下这欢乐的气氛。

整场比赛从始到终，球迷们都为我们亮着闪光灯，这样难得一见的情景让我印象深刻。凭借 6 粒进球，我奠定了欧洲杯最佳射手的地位，并成为自 1984 年米歇尔·普拉蒂尼踢进 9 粒球以来进球第二的射手。

虽然我们一直住在克莱枫丹，但我们也感受到了来自世界各地的积极评论，我们还看到了大街上人们高喊着祝贺法国队的视频。民众高涨的热情仿佛一剂兴奋剂，鼓舞人心，在经历了一系列令人消沉的事情后，法国人终于重新振奋起来了。现在，是时候为这项工作画上圆满的句号了。在圣西罗球场对战皇马后，我再一次站上了决赛的舞台。

又一次失败的决赛

　　然而，7月10日周日，在法兰西大球场，同样的剧情又一次上演了。

　　我之后再也没有回看过这场比赛，因为我不敢看，可是比赛中的每一个细节都深深地刻在我的脑子里。

　　决赛可谓是一波三折，整个过程惊险不断。刚走上草坪，我们就迎来了第一个挑战。为了排练闭幕式，体育场前一天亮了一整夜的灯，引来了无数的飞蛾。飞蛾漫天飞舞、密密麻麻，成千上万的飞虫让人感觉很不舒服，甚至还时不时地飞到我们的眼睛里。当时我还想，这难道是葡萄牙人给我们下的诅咒？不过，比赛一开始我们就顾不上这些了。

　　紧接着就是他们的队长C罗与迪米特里·帕耶相撞后受伤退场。开场不久后，我曾获得一次进球机会，可惜我的头球被鲁伊·帕特里西奥惊人地一顶越过了球门。之后我冲向观众席，鼓动球迷们继续为法国队加油鼓劲儿。

　　虽然失去了他们最优秀的队员，葡萄牙队仍顽强地坚持着。我知道，这场比赛只要我们能率先进球就一定可以取得胜利。可是时间不断流逝，我们却还是白卷一张。

上半场结束后，教练语气坚决地说："小伙子们，到全力以赴的时候了，只剩下 45 分钟了，必须拼尽全力！"我也不断这样提醒自己，可天气实在太热了，我感觉自己马上就要脱水而死，甚至已经完全感觉不到我的双腿。

葡萄牙的后卫像影子一样盯防着我，我很难有机会拿到球。无论我如何左右穿插，都无法摆脱对手。理论上讲，后卫的盯防很正常，我之前遇到过很多次，但这次还是让我感觉不舒服。下半场，我们依然不断尝试制造机会，但都没有奏效。

第 66 分钟时，我一度觉得场上情势会得以扭转，当时金斯利·科曼一记传中将球送到前点，我抢在拉斐尔·格雷罗前面在距球门 6 米处头球攻门。可是我过早地冲到后卫前面，没能找好触球位置，球顶高了，从横梁上飞了过去。

伤停补时阶段，安德雷·皮埃尔·吉尼亚克将球打在立柱上弹出的时候，我就在不远处。我本应该追上去补射一脚，可我实在是没办法腾出一只脚来踢球，错过了绝杀的机会。在比赛常规时间结束的时候，场上比分仍为 0∶0，所以我们必须进入 30 分钟的加时赛，甚至还有可能进行点球大战。

打到这个时候，我真的已经筋疲力尽了，我用尽最后的力气奔跑、踢角球，但也已经感觉到自己力不从心了。比赛在第 109 分钟的时候，胜负的天平终于向葡萄牙倾斜了。最后上场的埃德尔从距球门 25 米处的一记远射，大力攻门，我们的门将雨果·洛里斯对此也无能为力——

球进了。

这场球踢得太艰辛了，尽管还有 11 分钟，我们也几乎没有翻盘的可能了。我们依然不停地向葡萄牙的球门发起强攻，却毫无效果，这样的情景实在让人沮丧。能进决赛固然好，但夺冠才是球队的根本目的。六周内经历两次如此相似的失败，我不禁问自己："为什么是我？为什么同样的悲痛我要经历两次？"

直到今天，比赛的一幕幕仍然全都浮现在我的眼前，挥之不去。

巴西世界杯四分之一决赛被德国队淘汰的时候，我忍不住泪流满面，但这一次我没有那么失态。我成长了很多，表现出了一个球员应有的样子，甚至还去鼓励、安慰我的队友们。

吉尼亚克哭了，帕特也无比失落，我从未见过他们这样。迪迪埃·德尚是人生的赢家，作为球员他曾率领法国队获得世界杯和欧洲杯的冠军，为马赛和尤文图斯赢得了法甲和意甲联赛的冠军；作为教练，他将摩纳哥带入了欧洲冠军联赛决赛，让尤文图斯加冕意乙，还为马赛捧起了法国联赛冠军奖杯。但这一次他输了，这在他的人生记录中再难找到。

尽管我们一路屡创辉煌，但最后还是在自己的祖国输了欧洲杯决赛，怎么说呢？仿佛之前所有的努力都付诸东流。

赛后，我们终于在酒店见到了自己的家人，家人的安慰总算让我们心情好了一些。当 C 罗与皇马队友捧起大耳杯欢呼雀跃时，我没有去看，但这次，我一定要看着他捧起欧洲杯的样子，因为我希望四年后捧起它的人是我。

第二天，由 13 位观察员组成的评审团宣布我被评选为 2016 年欧洲杯最佳球员，这固然令人鼓舞，但我也无心庆祝，因为我所期盼的是法国队的胜利。这令人疲惫的赛季之后，我只想做一件事：回家，让自己远离一切。

法国队，我的骄傲

在此之前，法国总统邀请我们去爱丽舍宫共进午餐，我们本无心去参加这样的庆祝活动，不过在爱丽舍宫，我们还是受到了热情的款待。

午餐那天，我们所有的球员都穿上了蓝色队衣和白色西服，先去参观了爱丽舍的厨房。厨房里的工作人员可真多，我们观看了备餐的各种细节，我还向工作人员询问天气热的时候如何存放各种食材，能了解爱丽舍宫的"幕后"真是很有趣的一件事。

之后，奥朗德发表了热情洋溢的讲话，那个时候我是多么希望能为他带来欧冠的奖杯啊！总统之前还来克莱枫丹慰问了球队，并和保罗·博格巴、帕特里斯·埃夫拉、雨果·洛里斯还有我进行了亲切的交谈。

总统先生曾在一本书里批评过足球运动员，不过，如果他能到我们的家里转一转，或许他就能意识到，其实我们这些家伙还不错，我们也受到过良好的教育，也很有责任感。但是每个人都有言论自由，谁都有权发表自己的看法。

好了，现在假期开始了……关掉手机，我和我的家人去了科西嘉岛。行程安排得很宽松，因为这次度假我的主要目的就是放松，最好什么都不做。

之后，我还去了洛杉矶、迈阿密和拉斯维加斯，在那儿我看了美国和阿根廷的篮球赛，也就是里约奥运会的选拔赛。我尽情享受着这段假期，尽量不去想任何与足球有关的事情。

法国队接下来的比赛是 9 月 1 日在巴里的一场 2018 年世界杯预选赛前的友谊赛。我们必须快速找回状态，从欧洲杯的失利中走出来。

对战意大利的时候，球队里融入了新鲜的血液：奥斯曼·登贝莱和德吉布里尔·西迪贝第一次入选法国队，莱文·库尔扎瓦也完全是个新手。那场比赛我上场 63 分钟，最终法国队以 3∶1 获胜。

五天之后，在白俄罗斯的鲍里索夫，我们正式开始了世界杯的征程，不过第一回合双方就交了白卷。我打满了全场，但就像面对葡萄牙人的那场比赛一样，一开始我就隐隐预感到，无论我们有多好的机会都很难进球。

我还发现，比赛中对手看我的眼神也和以前不一样了，队友们给我传球的概率也提高了。对于所有对手来说，我似乎已经成为他们的头号敌人，每场比赛我都会被专人盯防——这是一种全新的体验。当然了，带着这样的贴身侍卫踢球也促使我不断提高自己的水平。

　　10月份首回合对阵保加利亚时，我低射得分，并为我的马竞队友凯文·加梅罗送上关键助攻，他也成为那一晚法兰西大球场梅开二度辉煌的缔造者。在接下来与荷兰、瑞典队的比赛中，我们稳稳筑起了晋级之路，是否可以一路通向俄罗斯还不能妄下结论，但我们正全力争取，一点点逼近。

　　前路看起来似乎还是那么遥远，不过我认为法国队有潜力走到最后，这是一支天赋异禀的队伍，每个人都有自己的优势。在欧洲杯之前，我还感觉自己是个新兵，而现在我俨然成为教练和队友眼中的主力球员，这是对我最大的鼓励。

　　不过我并没有因此而抬高自己，也不会对球队采用的战术提出任何异议，我没有借此去拉拢人脉，更不会让自己表现得很酷。但是一旦回到比赛场地上，如果我看到某个球员在传球或者是做动作的时候可以有更好的选择，那我一定会毫不犹豫地告诉他。

　　我不是法国队的领袖，那不符合我的性格。很多人都很好奇是谁在带领着这些球员，其实我们压根就没有领导者，而且我们也不需要，我们每个球员都有发言权。于我而言，集体的利益高于一切，但只要有机会进球就决不犹豫，这就是我的观点。

　　我希望自己能发展成一个全面的球员，如今我刚满26岁，有朝一日或许能成为法国队的队长——这也不是不可能，不过依照我的性格，我一定不会去刻意争取队长的位置，一切都服从教练的安排。

　　在法国队，我最希望的还是能为国家拿到一个冠军，至于能不能戴上队长袖标，我并不是很在意。

在马孔 13 岁以下少年队和在皇家社会的几场青年队的比赛中，我曾担任过队长之职，尽管胳膊上多了那么一个布条，却也没能让我有更好的表现。在法国队的更衣室里，我也很少发表言论。无论如何，迪迪埃·德尚才是我们的头儿，第一次入选国家队的时候，他就给予了我莫大的信任，此后也从未有所改变。我知道我欠他的太多，我也准备好随时为他而战！

歌颂自由

我不是个记仇的人，但不等于我会忘记。

2013 年赛季结束的时候，我为皇家社会在 34 场比赛中斩获 10 粒进球，这让我在这个球队找到了人生的价值，此后不断有俱乐部向我伸出橄榄枝。

那年夏天，一个还不是非常具体的邀约引起了我的注意，它来自阿森纳。埃里克告诉我，前摩纳哥以及"枪手"的后卫吉勒·格雷曼德如今已经成为阿森纳的球探，他打来电话说阿森纳非常看好我，并且准备和皇家社会进行具体协商。

　　我非常重视这通电话，并将其他俱乐部的邀约都放到了一边，专一等待阿森纳的电话。能加入阿尔塞纳·温格①多年来打造的队伍，对我来说的确很有吸引力，我就这么一直等啊等、等啊等……

　　皇家社会的季前赛就要开始了，如果要转会就必须马上做出决定，可我依旧没有收到阿森纳的任何消息，埃里克再次与格雷曼德通了电话，后者解释说不清楚具体邀约何时会到，但教练期待我的加入，还叮嘱我再等一阵子。

　　直到转会窗口关闭前的几个小时，我们才知道阿森纳不会出手了，因为他们从来就没对我进行过正式报价。我非常不喜欢给出承诺又不去实现的人，所以最近，当埃里克再次提起这家伦敦俱乐部时，我对他说："忘了他们吧，想想咱们那次的教训……"

　　从那以后，我也从未和阿尔塞纳·温格说过话，只是在欧洲杯赛场上遇到的时候，礼节性地打了个招呼。

　　2014年世界杯之后，我也可以选择去英国，热刺曾考虑过让我接替一年前转会皇马的加雷斯·贝尔。热刺的主教练毛里西奥·波切蒂诺非常期待我的加入，但最终我还是选择留在马竞，因为在这里我找到了家的感觉，并可以朝着自己的梦想一步步前行。

――――――――――――

① 温格，法国著名教练，球员生涯非常失败，但作为教练却非常成功，曾带领阿森纳俱乐部创造了英超历史上的不败纪录，并连续执教阿森纳长达22年。执教生涯以善于组织进攻和发掘新人著称，尤其是善于发掘法国足球人才。格里兹曼当初渴望加盟阿森纳，可能也正是看中了这一点。

2016 年 6 月，我与俱乐部的合同续约至 2021 年，虽然我们之前错失了几个冠军，但是在这里我拥有一切，为此我感到非常开心。不过这并不意味着我不会离开，我还没有做出最终的决定，因为这取决于很多因素。

赛季结束后，我会和俱乐部的负责人们一起坐下来，具体了解他们对俱乐部未来的规划、竞赛目标、训练计划，以及为球队发展采取的措施。协商沟通之后，我才会做出选择，但事实上我留下来的可能性还是非常大的，因为我的目的不是要离开马竞。

去年，巴黎圣日尔曼也曾对我表达出强烈的兴趣，埃里克还曾在欧洲杯后与他们的高层进行过会谈，但我不想离开。能收到邀约是对足球运动员最好的肯定，当我在皇家社会的时候，瓜帅就曾建议我去巴塞罗那。当时我只有 20 岁，这无疑对我来说是巨大的诱惑，但巴塞罗那给出的签约条件是先在 B 队效力一个赛季，帮助他们奋战西乙，然后再确定是否编入 A 队，理由是让我先熟悉一下球队的风格，因此我拒绝了。

我让埃里克帮我处理转会这件事，我对他有绝对的信任，一切事宜都是由他先负责联系、落实，认为可行再来和我商议。

薪酬不是我选择俱乐部的首要条件，球队的目标以及与教练的默契才是我考虑的主要问题。即使要转会，我也一定会和对方的教练提前沟通，了解他对我的战术安排。

近几个月，我的名字总是被和曼彻斯特放在一起。一月份以来，英国媒体就一直宣扬，曼联准备为我支付 1 亿欧元的转会费，人们也都在问我同样的问题。而我实在是不愿意浪费时间去辟谣，老实说这真的让人很累。

　　我反复强调自己在马竞很快乐，这里有高水平的教练和队友，也让我找到了家的感觉。离开皇家社会，是因为我觉得是时候改变一下环境超越自己了，尤其是和法国队一起训练后才发现，我和他们相比落后太多。我意识到自己在温室里待得太久，迫切需要学习新的东西来提高自己，这和现在在马竞的情况并不一样。

　　无论怎样，一切都要到赛季结束后才能决定。我并不讨厌英国，除了那里的天气，加入曼联也不是全无可能。我是很喜欢和保罗·博格巴一起踢球，但他加入红魔也不会成为我考虑转会的因素。

　　埃里克通过非正式的方式与曼联接触过了，但是我没有。如果事情有点眉目，我会和教练以及体育主管说明。为了挽留我，马竞的负责人还曾来里昂和我共进午餐。如果一切谈妥，那后续工作就是俱乐部之间的事了。我只负责踢球，转会价格也不由我来决定。

　　我没有去问迪迪埃·德尚的意见，因为这只是关系到我未来在俱乐部的发展，和法国队没有直接的影响。但我会听取埃里克、我的父亲以及艾瑞卡的想法，因为他们是我最信赖的人。

　　大约在两年前，豪尔赫·门德斯^①曾联系过我，他是世界上最有影

———————————

① 门德斯，葡萄牙人，足球世界著名经纪人，和欧洲很多俱乐部都保持着良好的关系，与此同时以善于为球员争取利益著称，旗下最著名的球员是 C 罗，并且还长期担任著名教练穆里尼奥的经纪人。

响力的足球经纪人，其麾下最有名的球星就是 C 罗和若泽·穆里尼奥，他从我在马竞的队友蒂亚戈那里要到了我的手机号码，并打电话给我说想和我谈谈，给我一些忠告。我没有接电话，直接转到了留言箱。

很多人都会通过球员们问到我的联系方式，这些我都交给埃里克处理。在我很小的时候起，他就是我的足球顾问了，现在依然是。

埃里克非常了解我，知道我想要的是什么。我在皇家社会和 19 岁入选法国队的时候，约翰·威廉姆斯是我的经纪人，当他来克莱枫丹看我的时候还会带着糖果和巧克力棒。我喜爱美食，可法国青年队的食堂里不是面条就是米饭，不过如今我吃饭可比以前讲究多了。当时威廉姆斯总是给我打电话询问情况，但那个时候的我就像现在一样，话少得可怜，也不喜欢对别人推心置腹。

与约翰·威廉姆斯停止合作后，很多经纪人都向我递来了橄榄枝，我选择了齐达内之前的顾问阿兰·米利亚乔。再后来，曾经身为球员的埃纳吉·伊巴涅斯成了我的经纪人，并全权负责了我转会马竞的事情。去年 8 月 31 日，我们的合同终止后，我便开始独立运作，所以现在我没有经纪人，这看起来似乎有些奇怪，但事实就是这样。

现在越来越多的人投身到经纪人这个职业当中，可其中很大一部分都以赚钱为主要目的，并不会真正为球员的利益考虑，也不遵循球员内心的感受，这其实是很危险的。如今，有些球员从 13 岁开始到职业生涯结束差不多要换将近 50 个经纪人，这很不利于球员的发展。

如果一个球员能遇到像埃里克这样的人，那将是他职业生涯的一大幸事。信任才是球员与经纪人之间最重要的纽带。随着时代的变迁，足球领域也在不断发生着变化，但我仍深爱着这种运动。我不会作茧自缚、故步自封，我会一直朝着最远大的目标努力提升自己，让自己变得更好。

2014年12月的时候，费尔南多·托雷斯在他30岁的时候又回到了马竞，在他去利物浦、切尔西和米兰之前这里是他的主场，他的别名是厄尔尼诺。他曾获得一次世界杯和两次欧洲杯冠军，而现在，他成了我的队友。

还记得在马孔的时候，我常常模仿他的庆祝动作，在电视上看他精彩的进球。因此他一到马竞我就去找他，并对他说："无论是现在还是以后，如果你愿意给我一些建议的话，我将非常高兴。请不要犹豫，我希望自己能学到更多的东西。"

他很惊讶，随后淡淡地说："像你平时一样踢就好了，全力以赴，你的队友和球迷都会帮助你。"现在，你明白为什么我喜欢待在马竞了吗？

或许我会在美国结束我的足球生涯，就像蒂埃里·亨利那样。因为我喜欢美国，喜欢他们的文化，喜欢他们的精神，我想在那里生活。或许去迈阿密，去我的偶像大卫·贝克汉姆所效力的美国大联盟？如果真是这样的话，我希望能签一个同时还拥有篮球队的俱乐部，这样我就可以和艾瑞卡还有孩子们一起尽情地去看NBA了，我仿佛已经看见了这温馨的一幕……

后记：阿兰·格里兹曼和埃里克
——"我们的安东尼"

阿兰和埃里克是格里兹曼生命中最重要的两个男人，与他有着最亲密的关系。他们教育他，培养他，帮助他实现了今日的辉煌，这两个朴素、敏感、真性情的人，为我们讲述着他们各自眼中的格里兹曼……

阿兰·格里兹曼：

我喜欢所有的运动，尤其是足球。在马孔我经常去看比赛，每次开车经过足球场的时候，我都会停下来去看一会儿，我把这种对足球的热情也传递给了安东尼。但这也算不上是一种必然，因为他的姐姐莫德对此丝毫不感兴趣。弟弟德欧虽然也在马孔体育踢球，但远远不及同年龄时的安东尼那样执着。

我曾经在第四级别联赛踢过后卫，也训练过一些年轻的球队，一直到现在也没有停止这份工作。能把我所学的传递给孩子们让我觉得非常快乐。

我每周为马孔的 U-13 队训练三次。安东尼 13 岁的时候，也就是去皇家社会之前，就是我在训练他。他是我最好的球员，肺活量也很不错。每到周末，他就是体育场上最出色的球员，但我从不表扬他。一回到家，他就和他的妈妈抱怨，因为我总觉得他还不够好。

我不想让别人说安东尼来踢球是因为他是教练的儿子。不论在家里，还是在公共场合，我都不会去祝贺他。哪怕到今天，当他赢了一场非常棒的比赛时，我也不会跟他说："你真厉害啊。"对于球员来说，你需要不断地去发现自己的问题，至于天赋，那只是最基本的东西。

埃里克：

我是安东尼的体育顾问，安东尼总是什么都想要，却又什么都不说。我和他有着亲密无间的关系，我们之间无话不说，甚至有时候还会互相责骂。我有我的性格，简单直白。我们既是同事，也是朋友，互相信任，也互相照顾，我们的关系已经无法用语言来定义。我和安东尼之间有很多有意思的趣事，但是我们之间亲密无间的关系并非因为这些轶事，而是基于其他。

在他13岁半的时候，也就是他被法国的各个俱乐部拒绝之后，我就带他去了巴约纳。一直到他18岁半的时候，我们几乎一年365天都在一起，仅仅除了短暂的假期。我是看着他长大的，见证了他在德行上、学业上还有足球上的成长。我对他而言是学监，也是朋友，是严父，也是叔叔、祖父，有时还会是圣诞老人。

为了他，我承受了很多事情，我们也一起吃了很多苦。我从未想象过要去照顾一个孩子，而且还是如此全方位地照顾，有时候真想把他还给他的父母。可在他父母眼里，安东尼仿佛是被我绑架来的。

刚开始的时候，我没告诉他们安东尼需要住在我家，他们对这样的安排很不满意，但事实上，我的决定是正确的。如果把他放在寄宿学校，相信用不了多久，不会西班牙语的安东尼很可能就跑回马孔老家了。

想家的时候，他也会哭。确实，家乡近在咫尺却不能回去，对于一个十几岁的孩子来说真的很不容易。那个时候，不论是他的父亲，还是他的母亲，都没有意识到安东尼会成为一个巨星。每次在马孔过完周末回巴约纳的时候，他的父亲都是满眼泪花，母亲躲起来暗自哭泣，安东尼也会闷闷不乐。但我必须要将他送回学校，我会为他买好机票，亲自接他回去。如果周末不回马孔，我就带他去图卢兹或波尔多看比赛，另外我还要一直观察着皇家社会的动态。尽管他不是我儿子，但我一直分享着他的痛苦与快乐。

阿兰·格里兹曼：

我几乎看了他所有的比赛，一场都不想落下。皇家社会打西乙时，我也会想办法在网上看。每次看他的比赛，我都非常紧张……

另外，看比赛的时候，我喜欢单独一个人。我无法和别人一起看，因为每个人都有自己的观点，而且我们的看法可能会截然不同。即便我的妻子和儿子都在家里，我还是喜欢自己一个人看。

当他传球没传好时，我会细细地数落，变得暴躁、易怒、冲动、不安；当他进球的时候，我又突然间欣喜若狂。我经常在他比赛结束后给他打电话，但也不是每场都打。自从到了马竞之后，他各方面都上了一个台阶。迭戈·西蒙尼对球员的要求很高，要想踢球必须先学会防守……我看过他们的训练，果然震撼。看他们比赛的时候，我的目光只停留在安东尼身上，没有精力去关注其他的球员。

埃里克：

他在蒙彼利埃试训时，参加了巴黎圣日耳曼的一场比赛，我就是在那场比赛中发现了他，之后他就和我去了巴斯克地区。当他出现在通告最明显位置的时候，我被看作可以慧眼识珠的魔术师，但事实上，成就安东尼的并不是我，而是西班牙。正是在那里，安东尼的潜力被充分地挖掘出来。

从技术上来说，他非常机敏，只这一点就让他与众不同。那时候的安东尼拥有蓝精灵一样的身材，但我的直觉告诉我，他在皇家社会的试训一定能够成功。我不想被当作一个魔法师，也不想被当作唯利是图、利用他人赚钱的商贩。我只知道我和安东尼一起度过了一段最美好的时光，自由自在，无拘无束。

他对我的信任也提高了我的身价和知名度，如今我依然在他身后，是因为他已经把我当作一个非常重要的人。几乎每天我们都会通话，每一场比赛前后都会相互探讨，抑或是用 WhatsApp 交流。只有为数不多的几个人会在他比赛失利后与他一起剖析失败的原因，除了他的父亲，还有我。安东尼对自己要求非常严格，他会听取我的意见，他也需要有个人来告诉他最近是不是骄傲了。

阿兰·格里兹曼：

我训练的时候，安东尼总是跟着我。我们打比赛的时候，他就找一些小伙伴在旁边踢球。他不看比赛，只是结束后才来问问我结果如何。

1997 年夏天，在度假的时候，我们在路易二世体育场看了摩纳哥和沙托鲁的比赛。在这场法甲的晋级赛中，法比安·巴特兹、阿里·贝纳比亚、大卫·特雷泽盖以及蒂埃里·亨利竞相登场。看台上人很少，唯一一个不看球的人就是安东尼，他拿着自己的足球在一旁自顾自地踢了起来，对草坪上发生的事情一点也不感兴趣。

之后在里昂的热尔兰体育场，他被球场的氛围以及精彩的比赛所吸引，可惜后来他没能被里昂俱乐部接纳。他去过很多地方试训，但都被拒之门外了。梅斯的拒绝让他感到很受挫，状态也非常不好，所以当朗斯再给我打电话的时候，我直接说："不不不，够了！"

之后埃里克在一场比赛中发现了他的天赋，当时我和他的母亲正在度假。安东尼把他的名片放到了冰箱上，还让我们一回来就给他打电话。我以为这是一个玩笑，而且我也不愿意让他再受打击了。安东尼很不开心，直到我对他说："好，好，好，我会当着你的面给他打电话的。"

埃里克提出让安东尼去皇家社会试训一周，可我依旧不信任他。为了表示他的诚意，他对我们承诺来马孔接安东尼。当时他住在巴约纳，与我们相距 800 千米。我回他说："你想怎么做就怎么做吧。"

我以为这件事就这样过去了，可谁知周一的时候他真的来了。我们在马孔北边的一个旅馆见了面，他又提出了试训的事，并说俱乐部负责所有费用。我没有马上同意。直到我问清了所有细节才意识到，眼前的这个人我可以信任……

埃里克：

在足球这个领域，我们一起经历了很多事情，其中的艰辛只有我们自己清楚……

安东尼是个很矛盾的孩子，在腼腆的外表下，他很坚定地知道自己想要什么。由于职业的需要，他知道要适时自私一点。他还是一个享乐主义者，爱享受美食，也很贪吃，他具有一种非典型的人格特点。

他在欧青赛由于违规外出而被禁赛 13 个月后，他的父母对他进行了严厉的批评，我也是。我们必须要让他知道，他犯的错误是多么严重。当然了，他也没有去杀人放火。这件事对他来说是一次沉痛的教训，让他更清醒地认识到自己的角色。

当时安东尼非常害怕，以为自己再也踢不了球了。此后，《傀儡》节目还借题发挥，说他再也不是以前那个单纯的小男孩了。他是犯了错，但他对我们来说依旧重要。安东尼是很感性的，如果我们过分强调这件事，他肯定就会变得很自闭。不过他也很善于逃避问题，他的名言就是："我不想让自己变得不开心。"他就是这样一个活在当下的人，脸上永远挂着灿烂的笑容。

阿兰·格里兹曼：

让他一个人独自离开家，我们都非常难受。作为父母，我们常常问自己这样做究竟对不对。我的妻子舍不得让他走，总想把他留下来，但我鼓励他说："去吧，我的孩子，那么多的俱乐部都把你拒之门外，我们没有什么机会了。至少，这次你可以试一试。我呢，我也曾经梦想过成为一名职业球员，这一次说不定就是你的机会。去吧，如果不行，你就回来。"

他住在埃里克的家里，那个时候手机还没有这么普及，我们没有办法随时取得联系。每个假期我们都会开车去看他，因为飞机票太贵了。

周末的时候，他会回马孔，每到周日晚上，我就得开车送他去机场。我的妻子一般不会去，因为这对她来说太痛苦了。听到安东尼在后座上哭，我就问他："我们是停下，还是继续？如果你想回家，那我们就回去。"当时我们没有签任何合同，所以他有权进行选择，但每次只是一阵沉默后，安东尼就坚定地说："不，爸爸，我要去。"然后我们继续赶路。

皇家社会是一个很理想的俱乐部，对安东尼来说有着深层次的意义，他在那里学会了很多东西。

埃里克和我都是性格很强势的人，我们会有一些小摩擦，但还是很尊重彼此的。我们两个共同帮助安东尼，我负责行政和财政方面，他主管足球。欧青杯丑闻被曝出后，我马上就猜出 5 个人里面一定有他，我太了解他了。我能想象得出不让他踢球他会多么沮丧，但他需要为自己的愚蠢付出代价。年轻的时候受到一些惩戒总好过将来犯下更严重的错误。关于这次危机我们和埃里克开了一个会，一起帮助安东尼进行调整，让他承担起他自己犯下的错误。之后他就变成了另外一个人，这件事给他上了一课。不过他还是像我一样耿直。

埃里克：

安东尼注定有着不同寻常的人生，而我就是他的生命的一部分，从巴约纳一起吃着速冻食品，到今天与世界顶级的俱乐部谈笑风生，我见证了他一步步地蜕变，一步步地成长。我在足球领域摸爬滚打数十载，所以我们的关系也能让他少走一些弯路。

20岁的时候，我就获得了国家体育教练员资格，并很快拥有自己的职务。我曾是波城训练中心的负责人，担任过巴安尼足球俱乐部的技术指导。作为一个巴斯克人，我还曾在图卢兹、巴斯蒂亚和索绍俱乐部做过培训。

从2003年起，我就和皇家社会合作，成为一名专业球探。每年差不多有250天都不在欧洲。我会去巴西、新加坡、加拿大或新西兰寻找好的球员。我喜欢自由，我的工作也并不只是围绕着安东尼。

我也为巴约纳的市政体育中心工作，同时还为一家英国的公司 ISM（国际体育运营公司）服务，在伯明翰，为英锦赛寻找未来的职业球员，并在欧洲和非洲发掘有潜力的年轻人。但经纪人并不是我的工作。

为了给皇家社会寻找球员，我一直奔走各地，但我喜爱我的工作。从伯明翰回来后，安东尼就让我负责他的事，不过我们之间并没有具体协议，这样的关系对我们都很好。剪断了"脐带"，他可以不受束缚，而我也找到了我的自由。我很高兴我们能够重逢。我们就像磁铁一样，即使离得很远，也能彼此吸引，每一次结束都意味着即将开启新的征程。

阿兰·格里兹曼：

我们全家一起去看了欧洲杯的所有比赛。在这一系列的赛事中，安东尼取得了更多的进步，收获了更大的发展空间。我对他在欧冠和欧洲杯的两次失利深感痛心，很可惜，他没能走上最后的辉煌，不过这正是足球的魅力所在——最好的不一定就是胜利者。

安东尼·格里兹曼挑战赛是我们在马孔组织的足球比赛，为的就是让马孔的孩子们高兴。40 多名安东尼的球迷志愿者负责球赛的组织，我担任主席。最多的一次，有 800 多个从 9 岁到 13 岁的孩子来参加比赛，吸引了将近 5000 名观众。下一场比赛将于 6 月 24 日和 25 日在北部球场举行。虽然组织比赛很耗时耗力，但是我非常乐意。

如今，我为我的儿子工作。尽管他现在已经是一位明星了，但他仍然是我的孩子，我不会在他面前表现出崇拜的样子。有的时候，我还会去催促他或者责备他，虽然他现在已经 26 岁了。我很快就 60 岁了，不过我依然在为马孔工作，这样退休后就可以拿到养老金了。我们有三个孩子，从小到大，我们都没有偏袒过谁。姐弟之间相处得非常好，从不相互嫉妒，而且也已经找到了他们之间的平衡关系。如果一家人一起吃饭的时候都围着安东尼的话，那是因为我们都喜欢足球。

谢　辞

首先我想感谢我的父母把我带到这个世界上，并培养了我优秀的品质，如今我会把这些都传授给我的女儿——米娅。

感谢父亲带我步入足球的世界，我很高兴能实现我们的梦想。

感谢母亲从我出生起就给了我始终如一的爱，你无微不至的关怀让我每时每刻都能感受到温暖。

感谢莫德为我安排赞助商和媒体的一切事宜，忍受我的暴脾气，以及每次来马德里都带给我温暖的笑容和巴黎的马卡龙。

感谢充满能量的德欧，每次都能让我开怀大笑。我为你，还有你创立的品牌 GZ 而感到骄傲。

感谢艾瑞卡，没有你，就没有今天的我，没有今天的球员格里兹曼，遇见你是我人生的转折点。你给了我所需要的一切：爱，笑容，力量……你是我最亮的星星，女儿米娅是你给我最棒的礼物，能成为你的丈夫是我此生最大的荣耀。

感谢埃里克，我的朋友，我的顾问。是你给了我进入职业俱乐部的机会，是你为我指引方向一路前行，是你在我最迷茫的时候伸出援助之手。

特别感谢马丁·拉萨尔特、菲利浦·蒙塔尼耶、迭戈·西蒙尼和迪迪埃·德尚，感谢你们能让我在你们身边学习，你们中的每一个人在我的职业生涯中都扮演着重要的角色，也非常感激你们在生活中给予我的帮助。

感谢阿诺德在这场美妙历程中的陪伴，帮我编写这部作品。你的冷静和友善让我更容易吐露出内心的一切。坦白说，这可不容易。

同样感谢拉丰出版社团队，感谢夏洛特、埃马纽埃尔、伯纳黛特、丽迪、塞西尔、罗曼、弗朗索瓦、克莱尔、乔尔、阿斯特丽德、帕斯卡利娜、芭芭拉、莫德、莫尼卡、艾利斯以及所有人。

最后感谢我的粉丝们，感谢你们的照片、视频和网络上的评论。我没有办法逐一地回复你们，但在我的社交管理员安德烈的帮助下，我知道所有来自你们的鼓励。

感谢莫德的笑容、正能量和高效率；感谢罗曼对我的信任；感谢埃里克对这项计划的支持。感谢塞巴斯蒂安帮助出版；感谢阿兰和伊莎贝尔带我回马孔以及拉马町河畔的午餐。同样感谢艾瑞卡和安东尼。感谢艾米丽和马丁，你们是你们爸爸的骄傲。

附录：格里兹曼大数据

联赛数据

	出场（首发）	进球数	助攻数	联赛级别
皇家社会（09/10）	39（30）	6	1	西乙联赛
皇家社会（10/11）	37（34）	7	3	西甲联赛
皇家社会（11/12）	35（28）	7	4	西甲联赛
皇家社会（12/13）	34（32）	10	3	西甲联赛
皇家社会（13/14）	35（31）	16	3	西甲联赛
马德里竞技（14/15）	37（29）	22	1	西甲联赛
马德里竞技（15/16）	38（36）	22	5	西甲联赛
马德里竞技（16/17）	36（36）	16	8	西甲联赛
马德里竞技（17/18）	32（30）	19	9	西甲联赛
马德里竞技（18/19）	37（37）	15	9	西甲联赛

杯赛数据

	出场（首发）	进球数	助攻数	联赛级别
皇家社会（11/12）	3（2）	1	0	西班牙国王杯
皇家社会（12/13）	1（1）	1	0	西班牙国王杯
皇家社会（13/14）	7（4）	3	0	西班牙国王杯
	8（8）	1	1	欧洲冠军联赛
马德里竞技（14/15）	2（1）	0	1	西班牙超级杯
	5（4）	1	0	西班牙国王杯
	9（5）	2	0	欧洲冠军联赛
马德里竞技（15/16）	3（2）	3	0	西班牙国王杯
	13（13）	7	1	欧洲冠军联赛
马德里竞技（16/17）	5（5）	4	2	西班牙国王杯
	12（12）	6	2	欧洲冠军联赛
马德里竞技（17/18）	3（2）	2	0	西班牙国王杯
	6（6）	2	2	欧洲冠军联赛
	8（7）	6	2	欧足联欧洲联赛

国家队数据

年度	出场（首发）	进球数	助攻数	比赛名称
2010 年	5（4）	2	0	U-19 欧青赛
2011 年	7（7）	1	0	世青赛
2013 年	7（4）	3	0	U-21 欧青赛
2014 年	9（5）	5	1	国家队友谊赛
	5（3）	0	0	巴西世界杯
2015 年	10（8）	1	1	国家队友谊赛
2016 年	4（3）	1	2	国家队友谊赛
	7（6）	6	2	法国欧洲杯
2017 年	4（3）	2	0	国家队友谊赛
2018 年	4（4）	2	0	欧洲国家联赛
	10（10）	4	4	世界杯欧洲区预赛
	7（5）	1	0	国家队友谊赛
	7（7）	4	2	俄罗斯世界杯